KB204123

불교 이해의 디딤돌

불교 이해의 디딤돌

김대원심 엮음

운주사

머리말

나는 어려서부터 할머니가 밤이면 장독대 앞에 나아가서 북쪽 하늘을 우러러 북두칠성을 향하여 수없이 절을 하는 것을 보아왔다. 우리 집은 북두칠성을 믿는가보다 하였다.

결혼하고 보니 시댁은 종교를 믿지 않았다. 위로 딸을 낳고 둘째로 아들을 낳았는데, 이젠 잊었지만 어느 분이 내 어린 아들을 보고 '이 아이는 부처님께 정성을 잘 들여야 하겠다'고 하였다. 그때부터 내가 불교에 귀의하고 믿은 지 40여 년이다. 그동안 『금강경』을 많이 독송하였고, 지금은 『법화경』을 많이 읽는다.

나는 아들딸 6남매를 두었는데, 가만히 생각하니 엄마가 부처님을 믿는다고는 알고 있어서 '우리 집 종교는 불교다'라고 하겠지만, 실상 부처님의 가르침을 잘 모른다. 진리를 모르면 언제 타종교로 개종할 지 모르는 일이다. 부처님께서 가르치신 법이 어떠한가를 스스로 알아야 자기 종교와 타종교의 우열을 알 수 있지 않겠는가. 생각다 못하여 두 아들한테만이라도 간략하게나마 부처님의 가르치심을 알게 하고 싶었다.

나는 나름대로 정성껏 경전에서 가려내 베껴나갔다. 그러던 중 어느 날 대학에 다니는 외손녀가 무슨 추첨에서 당첨이 되었다고 금강산 관광권 2매를 보내왔다. 그래서 천하의 명산 금강산 구경을 가겠다고 간 것이, 내가 위인이 칠칠치 못하여 계단에서 뒹굴어 오른쪽 팔목에 금이 갔다. 오른팔이 자유롭지 못하게 되어 더 이상 글씨를 쓸 수 없기에 하는 수 없이 그만 쓰자 하고 멈추었다.

그런데 어느 날 내가 아끼는 보살님이 여러 가지 집안 여건이 심란하니까, 불교에 대해서조차 회의를 느낀다고 하면서 천주교로 개종을 해볼까 하였다. 아무 말 없이 내 집에 오라고 청하여, 내가 아들에게 주려고 쓴 것을 보여주었더니 읽고 나서 너무 감격하여 눈물을 흘리는 것이었다. 나도 같이 울었다. 사경寫經을 하겠다고 하기에 내가 두 권을 똑같이 써나갔는데 한 권은 이미 큰 아들한테로 보냈고, 나머지 한 권은 미국에 있는 작은 아들이 출장차 귀국한다니 그때 줘보내기로 한 것이라 대신 만화 『반야심경』을 보라고 권하였다. 그래도 자기는 내가 쓴 경전이 더욱 좋다고 하여 복사를 하게 했더니, 여기저기 원하는 사람들이 많아져서 더 보충하지 못하고 만부득 출판하게 된 것이다.

나의 6남매 가운데 막내딸이 출가하여 동국대학원에서 석사과정(불교학과)을 마쳤고 박사과정을 수료하였다. 그래서 상의하였더니 사경한 것을 보내주면 읽어보겠다고 하여 보냈다.

『대방등대집경大方等大集經』에서 주로 사경을 많이 했고, 청화淸華 큰스님의 『원통불법의 요제要諦』와 『인도불교의 역사』(平川彰 著)도 조금 참고하였다.

절에서 스님들이 흔히 여신도분을 지칭해서 보살님이라고 부르는데, 솔직히 '보살'이란 의미와 그 뜻이 얼마나 장엄하고 자애롭고 따스한지를 알고 있는 보살님들은 드물다. 이는 중생을 중생으로 보지 않고 거룩한 보살행을 닦는 '보살님'으로 존칭하는 최고의 경어敬語이다.

그런데도 오히려 어느 불자님은 '왜 자기를 보살이라고 부르느냐?'면서 화를 벌컥 내기도 하는데, 이것은 '보살'에 대한 이해가 없기 때문이다. 그래서 불자라면 무엇보다 '보살'에 대한 의미 파악이 앞서야 되겠다 싶어서 책의 첫머리에 두었다.

다른 항목들은 주로 『대방등대집경』 60권을 읽어나가면서, 보살님이라면 기본적으로 알아야 되겠다 싶은 불교 고유의 전문용어나 술어들을 적어나갔다. 일정한 체계 없이 나름

대로 기술된 점을 양해해주기 바라며, 또한 앞서 언급한 대로 오른팔을 다쳐서 충분히 보완하지 못한 채 출간하게 된 것을 아쉽고 부끄럽게 생각한다.

　이왕에 책자로 나오게 되었으니 잘 읽고 외우고 베껴 쓰고 수행하여, 보살행을 하는 데 일조하기를 바라는 마음뿐이다.

　　　　　　　불기 2544년(서기 2001년) 봄에
　　　　　　　관작리 토굴에서 김대원심 합장

보살 菩薩[1]

연화蓮華보살이 무언無言보살에게 물었다.

"무엇 때문에 '보살'이라고 합니까?"

"선남자여!

깨닫지 못한 중생을 능히 일깨워주므로 '보살'이라 합니다. 무명無明에서 잠자는 중생을 일깨워주므로 '보살'이라 합니다.

보살은 모든 중생을 위하여
사랑하는 마음〔慈心〕을 닦습니다.

---

1 보살菩薩 : 보살은 자리自利와 이타利他를 생각하며 모든 중생을 제도한다. 모든 법의 진실한 성품을 알고, 아뇩다라삼먁삼보리(부처님의 깨달음, 곧 無上正等覺)의 도를 행하여 모든 성현들의 찬탄을 받는다. 보리살타菩提薩埵의 준말. (『대지도론』 권4 참조)

보살은 모든 중생의 고통을 없애고자
가엾이 여기는 마음〔悲心〕을 닦습니다.
보살은 조복하지 못한 중생을 조복하기 위하여
함께 기뻐하는 마음〔喜心〕을 닦습니다.
보살은 끝내 비우지 못한 중생을 위하여
집착을 비우는 마음〔捨心〕을 닦습니다.
보살은 모든 중생을 위하여 몸과 입을 장엄하고
보살은 말한 대로 행동하며 마음을 장엄합니다.
보살은 모든 번뇌를 성한 불에 사르듯하고
법에 걸림 없기가 모진 바람 같으며,
법에 평등하기가 허공 같습니다.
중생의 귀의歸依함을 위하여 머물 곳이 되어주고,
모든 중생을 위하여 신통을 장엄하며,
중생에게 큰 땅과 같이 크게 이익하게 합니다.
온갖 것을 큰 물과 같이 청정하게 하고
마음을 깨끗이 하기 위하여 정성껏 부처님을 생각합니다.
보살은 법의 보시를 크게 하며
바른 생활〔正命〕로 생활하고 위엄과 거동이 청정합니다.
　세상의 욕락을 즐겨하는 사람을 보면 가르치고 타이르기
를 좋아합니다.

일곱 가지 재물을 갖추었어도 그 마음은 교만하지 않고 늘 부드러우며,

은혜롭게 보시하기를 즐겨합니다.

권속들을 착한 벗과 친근하게 하고,

은혜를 알고 은혜를 갚습니다.

보살은 온갖 말을 해석하고 대승을 닦아서,

중생들 살피기를 좋아하며 물음에 따라 대답해줍니다.

때에 맞는 말과 간단명료한 말의 맑고 시원함이 마치 가을달 같고,

착한 법이 두루 원만함이 마치 보름달 같습니다.

보살은 청정하기가 가림 없는 달과 같고,

모든 감관[根]의 원만함을 쉽게 말합니다.

보살은 평등하고 걸림없이

모든 중생을 다 용납하고 받아들입니다.

보살은 모든 법에 다리[橋梁]가 되어줍니다.

보살은 모든 중생들을 위하여 불사佛事를 하지만,

그 마음은 맨 처음 보살 경계에서 움직이지 아니합니다.

이와 같은 의미 때문에 '보살'이라고 부르는 것입니다."

··· 『대방등대집경』 권12 「무언無言보살품」 중 ···

❋

보살은 두려움이 없어서 겁약한 도에서 벗어나게 해줍니다.

보살은 능히 모든 악마와 삿된 무리를 파괴하고,

번뇌의 장애와 덮임과 의심과 희론을 제거합니다.

보살은 진실하고 헛되지 않아서 중생을 이롭게 해줍니다.

보살은 자기의 즐거움을 버리고

다른 사람의 즐거움에 정성을 다합니다.

보살은 다른 사람을 괴롭게 하거나

초조한 번뇌를 내지 않게 합니다.

보살은 빈궁한 사람을 보면 구제할 일을 마련해줍니다.

보살은 자기의 공덕은 덮고

다른 사람의 공덕을 드러내어 나타내주며,

다른 사람으로 하여금 착한 마음을 내게 합니다.

보살은 모든 중생을 평등하게 생각하고

계를 헐뜯고 지키지 않는 자도 옹호합니다.

※

어느 때 부처님께서 해혜海慧보살에게 말씀하셨다.

"보살은 업의 과보를 믿고 모든 중생에게 그 마음을 평등히 하여 큰 자비를 즐거이 닦느니라.

보살은 부처님을 염하고 바른 법〔正法〕을 생각하고 여러 스님들을 생각하느니라.

보살은 도道의 마음을 잃지 않고 청정한 계율을 생각하느니라.

보살은 모든 중생을 편안히 해주고자 염려하느니라.

보살은 바른 법을 즐거이 구하고, 정진精進을 부지런히 행하느니라.

보살은 탐내는 마음을 여의고 중생을 위하여 설법하느니라.

보살은 만족함을 알고 게으름을 멀리 여의느니라.

보살은 스스로 참음〔忍辱〕을 닦고 중생을 교화하여, 성내는 마음을 멀리 여의느니라.

보살은 적은 이익을 얻었어도 크게 은혜롭다는 생각을 내고, 받은 은혜는 적을지라도 크게 갚을 생각을 내느니라.

보살은 나쁜 벗을 멀리 여의고, 세간법世間法을 행하더라도 물들지 않느니라.

보살은 중생을 조복할 때에 괴로움 받는 것을 한탄하지 않느니라.

보살은 말한 대로 실천하고 다투지 않으며, 질투하지 않고 교만하지 않느니라.

보살은 남을 해치지 않으며, 성내지 않고 남의 잘못을 생각하지 않느니라.

보살은 다른 사람의 허물을 감추고 덮어주며, 나무라고 욕됨을 받아도 그 마음을 다르게 먹지 않느니라.

보살은 육바라밀(보시·지계·인욕·정진·선정·지혜)을 원만히 갖추느니라.

보살은 '나'와 '내 것'이라는 생각을 여의고 착한 법을 닦되 이만하면 됐다고 그치지 않으며, 남을 헐뜯고 자신을 칭찬하지 않느니라.

보살은 바른 생활[正命]을 닦고 고요함을 즐기며, 청정한 계율을 가지고 착한 법을 생각하느니라.

보살은 나무라고 욕됨을 당하여도 마음으로 성내지 않느니라.

보살은 사섭법(四攝法 : 보시·애어·이행·동사)으로 중생을 거두며 스스로 자신의 허물을 살피느니라.

보살은 부처님을 속이지 않고, 중생을(착한 벗을) 속이지 않으며, 자신을 속이지 않느니라.

보살은 선근善根²을 청정히 하여 보시를 하되 그 갚음을
바라지 않느니라.

보살은 언제나 부드럽게 말을 하느니라.

보살은 마음을 조복하고 선정에 있기를 좋아하느니라.

보살은 친하다는 생각도 밉다는 생각도 모두 버리고, 모든
중생을 허공과 같이 평등하게 보느니라.”

…『대방등대집경』 권10 「해혜海慧보살품」 중 …

---

2 선근善根 : 부처님을 바르게 믿고, 착한 법을 행하며 순박하고 깨끗함.
  탐냄·성냄·어리석음이 없이 잘 수순하여 법을 듣고, 아뇩다라삼먁삼
  보리를 이루고자 하는 마음을 내는 근본 뿌리.

인욕 忍辱

부처님께서 말씀하셨다.

"만약 성냄을 여의고 인욕을 성취한다면 빨리 열 가지 지위를 얻을 것이다.

그 열 가지란 무엇인가?

첫째 왕이 될 수 있으니, 사천하에 자재로운 전륜성왕轉輪 聖王이 될 수 있다. 둘째 비루박차毘樓博叉천왕, 셋째 비루륵 차毘樓勒叉천왕, 넷째 제두뢰타提頭賴吒천왕, 다섯째 비사문 毘沙門천왕, 여섯째 제석帝釋천왕, 일곱째 수야마須夜摩천 왕, 여덟째 도솔타兜率陀천왕, 아홉째 화락化樂천왕, 열째 타화자재他化自在천왕의 지위를 말한다.

선남자야! 만약 인욕을 갖추면 그 사람은 곧 이러한 지위를 얻으리니, 인욕으로 깨달음의 과위果位에 가까이 이르게 될 것이다.

또 인욕을 더 깊고 원만하게 한다면 그 사람은 다섯 가지 지위를 더 얻으리라. 그 다섯 가지란 무엇인가?

첫째 범천梵天의 무리, 둘째 큰 범천왕大梵天王, 셋째 성문聲聞의 도과道果, 넷째 벽지불辟支佛, 다섯째 여래·응공·정변지 등의 지위이다.

선남자야!

그 사람이 인욕을 더욱 더 깊고 원만하게 하여 이러한 다섯 가지 지위를 얻고는, 또 다시 인욕을 원만히 수행한다면, 자연히 모든 세간의 훌륭하고 미묘한 오욕락五欲樂[3]도 얻어서 생활에 필요한 것을 넉넉히 갖추게 되리라. 그리하여 그 사람이 다시 인욕의 공덕까지 더욱 수행하는 경지에 이르면 성인聖人의 안락을 얻을 수 있게 되느니라."

❋

"선남자야, 보살은 무아無我에 대한 생각을 헤아려 다른 사람에게 모욕을 당하여도 보복하지 않는다.

보살은 남과 나라는 생각을 지니지 않는다.

보살은 다른 사람에게 미움을 받고 모욕을 당하여도 보복

---

3 오욕락五欲樂 : 재물욕·색욕·음식욕·명예욕·수면욕.

하지 않는다.

보살은 참음을 닦되 허공과 같이 한다.

보살은 안〔內〕이 깨끗하고 바깥〔外〕도 깨끗하다.

보살은 두 가지 분별 소견을 여의고, 법의 성품에 수순하여 물들거나 집착함이 없다.

보살은 중생을 바라보되 평등하여 나는 옳고 남은 그르다고 보지 않으며, 남은 어리석고 나는 슬기롭다고 생각하지 않는다.

보살은 욕설을 하는 자나 욕설을 당하는 자나 욕설하는 행위를 일으키지 않는다.

남도 공空하고 나도 공하다는 생각을 일으켜 시비하거나 말하지 않는다.

보살은 남의 잘못을 생각하지 않는다.

명예로운 말을 들어도 마음에 애착하지 않고, 스스로 훌륭한 체하지 않는다.

헐뜯는 자를 보아도 마음에 위축되지 않으며, 비웃는 자를 보아도 그 마음이 비굴해지지 않는다.

뭇 괴로움이 몸에 더하여도 다 견디어 받는다.

필경의 참음은 서로 다툼이 없어야 하는 것이다.

만약 성인聖人이 아닌 범부凡夫와 용렬한 사람으로서,

거칠고 어긋나고 잘난 체하거나 성품이 사나워서 많은 사람들에게 자주 성내는 모양을 나타낸다면 그런 사람은 목숨이 마치면 지옥에 떨어질 것이다.

그 지옥에서 벗어나게 되더라도 천하고 더러운 축생 속에 태어나거나, 좋지 못한 용의 몸과 아수라의 몸으로 태어나게 된다.

사람으로 태어날지라도 지극히 빈천하고 모든 감관[六根 : 눈·귀·코·혀·몸·뜻]이 완전하지 않아서, 너무 길거나 없거나 이중으로 있거나 너무 크거나 혹은 몰골이 추악하거나 더럽기 짝이 없거나 하고, 그 몸은 절름발이거나 곱사이거나 백정집에 태어나서 삿된 일을 하게 된다.

또는 더러운 의복·음식이 모자라는 빈천한 집에 태어나서 좋은 복밭[福田]을 얻지 못하고 가지가지 나쁜 일을 좋아하니, 이런 인연으로써 그 사람은 헤매다가 끝내 다시 지옥과 축생과 아귀도에 떨어지게 되는 것이다.

내 이제 너희에게 고하노니, 너희들이 과거에 충돌하면서 성내었던 것을 이제 나와 대중 앞에서 각각 참회하고 화해하라. 서로 어울리어 참된 인욕의 마음을 내어서, 오랫동안 쌓아두었던 마음과 성내는 마음을 없앨지니라.

만일 인욕하지 않으면 반드시 좋지 못한 과보가 있을

것이니, 각자가 서로 용서하고 참아야 한다.

성낸 인연으로 천대를 받게 되는 것이다.

그러므로 성내거나 싸우지 말라.

또 질투하거나 비웃지 말며, 말다툼하지 말라.

이렇게 제각기 분수를 지켜 머무른다면, 반드시 훌륭하고 미묘한 과보를 얻어 아무런 허물이 없을 것이다."

그때에 월장月藏보살이 게송으로 아뢰었다.

인자함은 착한 길에 나아가
모든 욕락欲樂을 갖추어 받고,
인자함은 모든 나쁨을 여의어
사람들이 보기를 좋아하네.

인자함은 큰 지혜를 얻어
현명한 도사에게 귀의하고,
인자함은 모든 나쁨을 여의고
착한 벗을 얻게 하네.

인자함은 아름다운 몸을 얻어

단정한 모습과 얼굴을 갖추고,
인자함은 미묘한 음성을 갖추어
뭇 사람들이 즐거이 듣고 싶어 하네.

인자함은 뭇 마군을 항복시켜
큰 보리菩提의 언덕에 이르게 하고,
인자함은 천상·인간에 있어서
능히 바른 법 바퀴를 굴리게 하네.

그대들은 각자의 권속들을
참음의 자리에 인자하게 안치하여,
서로가 인자한 마음을 가지고
언제나 길이 안락할지어다.

…『대방등대집경』 권54 「인욕품忍辱品」 중 …

사무량심 四無量心[4]

(1) 자(慈 : 인자한 마음)

그때에 무진의無盡意보살이 사리불舍利弗에게 말하였다.

"보살이 인자한 마음을 닦는 것은 끝이 없습니다. 허공은 차라리 끝이 있을지언정, 보살의 인자한 마음은 끝이 없습니다.

사리불이여, 이 인자한 마음은 능히 자기를 보호하고 또 다른 사람까지 이익되게 합니다. 그러므로 이 인자한 마음은 다툼이 없고, 온갖 성냄과 거칠고 더러움과 얽매임을 끊으며 모든 번뇌를 없애줍니다.

이 인자한 마음은 모든 것을 기뻐하고, 온갖 중생들의 파계破戒하는 허물도 미워하는 마음으로 보지 않습니다.

---

4 사무량심四無量心 : 보살의 4가지 한량없는 마음, 곧 자慈·비悲·희 喜·사捨를 말함.

이 인자한 마음은 뜨거운 번뇌가 없어서 몸과 마음이 안락하며, 온갖 괴로움과 침해도 멀리 떠나게 합니다.

이 인자한 마음은 갖가지 겁냄과 두려움을 없애주며 일체 성인聖人의 도에 수순합니다.

이 인자한 마음은 성내는 자로 하여금 기쁘게 하고, 모든 투쟁에서 이기며 능히 이양利養과 칭찬을 받게 합니다.

이 인자한 마음은 제석천왕[5]과 범천왕[6]의 위덕을 장엄하여 갖추게 하고, 언제나 슬기로운 사람의 칭찬을 받게 합니다.

이 인자한 마음은 범부와 어리석은 사람을 감싸 옹호해주며, 모든 함이 없는[無作] 공덕에 뛰어나고, 상호相好를 잘 장엄해 줍니다.

이 인자한 마음은 세 가지 나쁜 길[三惡道 : 지옥·아귀·축생]과 팔난八難[7]을 여의게 합니다.

---

5 제석천왕帝釋天王 : 수미산 꼭대기 도리천(혹은 33천 : 욕계 6天 가운데 두 번째 하늘)의 임금. 사천왕과 32天을 통솔하면서 불법과 불법에 귀의하는 사람을 보호함.

6 범천왕梵天王 : 욕계의 음욕을 여의어서 항상 깨끗하고 조용하므로 범천이라 하는데, 여기에서는 색계 사선천 가운데 초선천(범중천·범보천·대범천)의 주主인 범천왕을 가리킴.

7 팔난八難 : 불도를 배우기 어려운 여덟 곳이 있다.
  ①지옥 ②아귀 ③축생(이 세 곳은 너무 고통이 심해서 불법을 배우기

이 인자한 마음은 모든 중생에게 평등합니다.

이 인자한 마음은 바르게 계율戒律 지니는 법문에 나아가게 하고, 모든 금계禁戒 범하는 자도 옹호하며, 능히 위없는 참음의 힘을 성취하게 합니다.

이 인자한 마음은 모든 교만과 방일放逸을 여의고, 다툼 없는 정진精進에 힘써 바른 도에 들게 하나니, 이 인자한 마음이 근본이 되어 성인의 선정禪定에 듭니다.

이 인자한 마음은 마음을 잘 분별하여 모든 번뇌를 여의게 하며, 지혜를 따라 생김으로 언어와 문자를 총괄하여 가지고, 선정禪定을 짝으로 해서 마군魔群의 짝을 여읩니다.

이 인자한 마음은 언제나 기쁨을 같이 하고, 마음의 작용을 잘 조절하며 위의威儀와 계법戒法을 굳게 지킵니다.

이 인자한 마음은 마음의 흔들림을 안정시키고, 가지가지의 쓸데없는 모양을 없앱니다.

이 인자한 마음은 몸에 좋은 향 바르기를 부끄러워하고,

어려움) ④장수천 ⑤울단월 혹은 북구로주(이 두 곳은 너무 즐거움에 취해서 불법을 배우기 어려움) ⑥눈멀고 귀먹은 벙어리 ⑦세지변총 (世智辯聰 : 세속적으로는 영리하나 사견에 빠진 이들은 바른 법을 배우기 어려움) ⑧부처님께서 세상에 나시기 전이나 후의 세상. (『長阿含經』 卷9 참조)

번뇌의 더러운 습기를 제거합니다.

사리불이여! 무릇 인자한 마음을 닦는 것은 모든 중생을 옹호하여, 자기의 즐거움을 버리고 다른 중생들을 즐겁게 하는 것입니다.

성문聲聞[8]이 인자한 마음을 닦는 것은 자기를 위함에 그치지만, 보살이 인자한 마음을 닦는 것은 모든 한량없는 중생을 전부 다 위함입니다.

사리불이여, 무릇 인자한 마음은 능히 모든 윤회의 흐름〔流〕에서 벗어나게 합니다.

인자한 마음이 미치는 곳은 중생을 인연함이 있고 법을 인연함이 있으며, 또 법도 중생도 인연할 것이 없는 인연〔無所緣〕도 있습니다.

중생을 인연함이란 초발심初發心이요, 법을 인연함이란 사랑을 닦아 행함이요, 법도 중생도 인연할 것이 없는 인연함

─────────────

8 성문聲聞 : 부처님의 법을 듣고 배우는 사람으로, 자기의 해탈만을 목적으로 불도를 수행하는 출가한 성자를 가리킨다. 즉 사제四諦의 가르침에 따라 수행하는 4부류의 사문사과(沙門四果 : 수다원과·사다함과·아나함과·아라한과)에 오른 이들로서, 연각 곧 벽지불과 함께 소승에 속한다. 여기에서는 중생 구제를 우선으로 하는 대승인 보살에 대하여 낮추어 부르는 말로 쓰임.

이란 깊은 법의 지혜를 얻음입니다.

사리불이여, 이것을 일러 '보살이 인자한 마음을 닦는
것은 끝이 없다'고 말하는 것입니다."

(2) 비(悲 : 가엾이 여기는 마음)

"사리불이여, 보살마하살이 가엾이 여기는 마음[悲心]을
닦는 것도 끝이 없습니다.

사리불이여, 사람의 생명은 곧 내쉬는 숨과 들이쉬는 숨으
로 근본을 삼습니다. 보살도 그와 같이 대승大乘을 수학함에
는 가엾이 여기는 마음으로 근본을 삼습니다.

전륜성왕轉輪聖王[9]이 윤보輪寶로써 근본을 삼는 것처럼,
보살도 그와 같아서 모든 지혜를 닦음에는 가엾이 여기는
마음으로써 근본을 삼습니다.

큰 장자長者가 외아들을 두고 연민히 여기며 애정이 깊은
것처럼, 보살이 크게 가엾이 여기는 마음도 그러하여 모든

---

9 전륜성왕轉輪聖王 : 인간세를 비롯한 수미산의 사주(四州 : 남섬부주·
  북구로주·서우화주·동승신주)를 지배하는 왕. 몸에 삼십이상을 갖추
  고 즉위할 때 하늘로부터 윤보輪寶를 얻어, 이를 굴리면서 사방을
  위엄으로 굴복함으로 '전륜성왕轉輪聖王'이라 한다. 사천하를 자유자
  재롭게 다니며 정의와 덕으로써 다스린다.

중생을 외아들 같이 사랑합니다.

이와 같이 크게 가엾이 여기는 마음은 내가 먼저 행하여야 하고, 이 가엾이 여기는 마음은 우선 나를 이익되게 합니다.

이 가엾이 여기는 마음은 다른 일을 빙자하지 않고, 자기 마음을 쓰는데 꾸며대지 않으며, 하는 일은 어디까지나 바른 결정을 냅니다.

이 가엾이 여기는 마음은 마음에 삿되거나 잘못이 없이 정직하게 합니다.

이 가엾이 여기는 마음은 교만이 없어 중생의 경계를 벗어나게 하고, 자기 몸을 버리어 여래如來의 몸을 내게 합니다.

이 가엾이 여기는 마음은 수명에 탐착하여 나쁜 짓을 하지 않으며, 중생을 보호하여 보리심菩提心을 내게 하고, 진실한 법을 수호하여 마음 쓰기를 청정하게 합니다.

이 가엾이 여기는 마음은 자기를 속이지 않는 동시에, 다른 사람과 하늘천신과 어진 사람을 속이지 않습니다. 그 수행이 청정하여 착한 업을 지으니 다른 사람을 괴롭게 하거나 초조한 번뇌를 내지 않게 하며, 중생으로 하여금 무거운 생사의 짐을 버리고 굳센 정진을 하도록 합니다.

이 가엾이 여기는 마음은 참는 힘을 가지고 참을성 없는

자를 옹호하며, 더러운 것을 싫어하지 않아 병든 자를 돌보아
줍니다.

이 가엾이 여기는 마음은 자기의 공덕을 덮은 채 다른
사람의 공덕을 드러내 나타내며, 모든 괴로움을 여의고 번뇌
없는〔無漏〕 즐거움을 구하게 합니다.

이 가엾이 여기는 마음은 자기가 좋아하는 물건을 희사하여
베풀게 하고, 여러 가지 착한 일을 하되 싫증내지 않습니다.

이 가엾이 여기는 마음은 금계禁戒를 잘 지키되, 계를
범한 이도 무시하여 버리지 않습니다.

이 가엾이 여기는 마음은 다른 사람으로 하여금 착한
선근을 내게 할 뿐만 아니라, 스스로에게도 이익과 선근을
내게 합니다.

이 가엾이 여기는 마음은 욕계欲界를 싫어하지 않고 세밀
하게 관觀하는 지혜를 내게 합니다. 선근善根을 더럽게 하지
않으며, 모든 중생들이 소원하는 대로 이루어지게 합니다.

이러한 대승의 모든 가엾이 여기는 마음은 크게 불쌍히
여기는 마음을 냅니다.

이 가엾이 여기는 마음은 보시布施·지계持戒·인욕忍辱·
정진精進·선정禪定·지혜智慧의 모든 조도助道하는 법을 잘
닦게 하며, 자연지自然智[10] 곧 무사지無師智를 얻기 위해 중생

의 일을 자기 일처럼 잘 돌봐줍니다.

사리불이여, 이것을 일러 '보살이 크게 가엾이 여기는 마음을 닦는 것은 끝이 없다'고 하는 것입니다."

(3) 희(喜 : 기뻐하는 마음)

"사리불이여, 보살마하살이 기뻐하는 마음〔喜心〕을 닦는 것도 끝이 없습니다.

이 기뻐하는 마음이란 항상 법을 생각하여 환희용약하며, 게으름을 내지 않고 여러 뜨거운 번뇌를 없애는 것입니다.

세간의 오욕락五欲樂을 여의고 법의 즐거움에 머물러, 마음이 화락하고 몸은 가볍고 유연하며, 뜻은 타이르고 독려하기에 부지런합니다.

마음으로 항상 가엾이 여기는 마음을 내며 기꺼이 여래의 위없는 법신〔無上法身〕을 구합니다. 상호相好를 원만히 닦아 스스로 장엄하기를 좋아하고, 법을 듣는데 짜증내지 않으며 정법正法 닦을 것을 생각해야 합니다.

인색함을 없애어 버리고 비우는 마음〔捨心〕을 냅니다.

---

10 자연지自然智 : 법이자연法爾自然한 지혜. 곧 다른 공용功用을 빌리지 않고 자연히 생긴 부처님의 일체종지一切種智를 가리킴. 무사지無師智라고도 함.

구걸하는 자가 오는 것을 보거든 마음으로 환희하며, 베풀어줄 때도 기뻐하고, 주고 난 다음에도 후회하지 않습니다. 이와 같은 보시를 세 경우[三時 : 보시하는 자·보시물·보시받는 자]가 청정하다고 하나니, 이런 청정을 얻고 나면 마음은 기쁘고 즐거워집니다.

계율 지키는 자에게 항상 보시할 뿐 아니라 계율을 범한 자도 기쁜 마음으로 거두어주며, 스스로도 부처님의 계율을 지키게 되니 마음이 곧 청정해집니다.

여러 중생들에게 마음으로도 교만을 내지 않고, 모든 어른들을 겸손히 공경하며, 말씨는 언제나 화순하고 찡그림 없이 부드러운 말로 바르게 말합니다.

삿된 마음으로 남을 꾀거나 속이지 않으며, 이끗[利養]을 위해 남의 심부름을 하지 않습니다.

그 마음이 깨끗하여 거칠거나 과격하지 않고, 모든 옳지 못한 일에 그 허물을 보지 않으며, 다른 사람의 단점을 캐내거나 남의 죄를 들추지 않습니다.

모든 일에 화합하여 공경하는 법을 지극한 마음으로 바르게 생각하며, 모든 보살을 부처님처럼 생각하고, 설법하는 이를 자기의 몸처럼 소중히 생각합니다.

부처님을 자기 목숨처럼 소중히 아끼고, 모든 스승님을

자기 부모처럼 생각하며, 모든 중생을 자식처럼 생각합니다.

모든 착한 법을 값진 보배처럼 생각하고, 법 구하기를 묘한 약 얻은 듯이 즐겁게 생각하며, 잘못을 말하여 주는 사람을 훌륭한 의원으로 생각하고, 모든 감관〔六根〕을 조절하여 게으름을 없앱니다. 이것을 '기뻐하는 마음'이라고 합니다."

※

"이 기쁨의 고요함은 미묘한 것을 깨달아 알기 때문이고, 이 기쁨의 적멸함은 깔보거나 희롱함이 없기 때문입니다.

이 기쁨의 근본은 마음이 어지럽지 않기 때문이고, 이 기쁨의 들음이 많은 것〔多聞〕은 착한 말을 지니기 때문이며, 이 기쁨의 평등함은 마음이 부드럽기 때문입니다.

이 기쁨의 용맹스러움은 업(業 : 행동)을 바르게 하기 때문이고, 이 기쁨이 후회하지 않음은 오로지 착한 일을 행하기 때문입니다.

이 기쁨이 바르게 머무름은 게으르지 않기 때문이며, 이 기쁨이 흔들리지 않음은 의지하는 곳이 없기 때문입니다.

이 기쁨이 실다운 이치인 것은 잊거나 잃어버리지 않기 때문이고, 이 기쁨이 진실함은 변하거나 달라짐이 없기 때문입니다.

　이 기쁨이 부처님의 신통력을 일으킬 수 있는 것은 모든
부처님의 법을 구하기 때문입니다.

　사리불이여, 이것을 일러 '보살이 기뻐하는 마음을 닦는
것은 끝이 없다'고 말하는 것입니다."

(4) 사(捨 : 버리는 마음)
"사리불이여, 보살마하살이 버리는 마음〔捨心〕을 닦는 것도
끝이 없습니다.

　버릴 것에 세 가지가 있습니다. 즉 모든 번뇌를 버리고,
자기나 다른 사람을 옹호한다는 생각을 버리고, 때〔時〕라든
가 때 아니라는 생각을 버리는 것입니다.

　첫째, 모든 번뇌를 버리는 것이란 이른바 공경히 공양을
받아도 그 마음이 잘난 체 하지 않고, 깔보거나 헐뜯음을
당해도 그 마음이 위축되지 않으며, 이끗〔利養〕을 얻어도
탐내지 않는 것입니다.

　곤란한 지경에 처하여도 걱정하지 않고, 칭찬을 받아도
기뻐 들뜨지 않으며, 헐뜯어도 움츠러들지 않습니다. 조롱
을 받아도 기죽지 않고, 괴로운 일을 당하여도 꿋꿋하게
받아들여 참고 견디는 것입니다.

애착하는 마음을 버리고 성냄도 미움도 모두 끊은 채, 친한 이에게나 친하지 않은 이에게나 마음을 평등히 합니다. 계율을 지키거나 그렇지 않거나 마음을 더하고 덜하지 않게 쓰며, 착한 일을 하거나 나쁜 일을 하거나 차별을 두지 않고, 사랑하거나 사랑하지 않거나 마음으로 집착하지 않습니다.

좋은 소리를 듣든 좋지 않은 소리를 듣든 참아 견디고, 칭찬하는 말이나 나쁜 말에 마음을 얽매이지 않습니다. 또한 몽매한 자나 허물 있는 자나 차별함이 없이, 모든 중생에게 평등한 마음으로 대하는 것입니다.

목숨을 아끼지 않으며, 명예로운 소문이든 나쁜 소문이든 법계法界와 같이 평등하게 생각합니다.

진실하거나 진실하지 않는 법에 마음을 깨끗이 하고, 저 세간법世間法에 평등히 하는 것이 보살의 버리는 마음[捨心]이 됩니다. 이것을 일러 '보살이 번뇌를 버리는 것'이라고 말하는 것입니다.

둘째, 자기나 다른 사람을 옹호한다는 생각을 버리는 것이란 만약에 몸과 팔·다리·뼈마디가 베이고 끊기어도, 마음에 성내거나 미워함이 없으며 원수에게 보복하지 않는 것입니다.

버리는 마음〔捨心〕을 얻었기 때문에 능히 두 가지를 버리나니, 안〔內〕이나 바깥〔外〕으로 몸과 입이 양쪽에 다툼을 내지 않습니다. 따라서 눈에 대한 빛깔〔色〕에 애욕의 물듦이 없고, 귀에 대한 소리와 코에 대한 냄새와 혀에 대한 맛과 몸에 대한 감촉과 뜻에 대한 법에도 다 그와 같이 애욕의 다툼을 내지 않습니다.

자기나 다른 사람을 옹호한다는 생각을 버림으로 이것을 버림이라 하며, 이익이 되든 손해가 되든 마음을 평등히 함으로 이것을 버림이라 하고, 제일第一의 이치에 논란하지 않으므로 이것을 버림이라 합니다.

자기 마음 속에서 잘 분별함으로 이것을 버림이라 하고, 자기의 몸까지 버릴 것을 관찰함으로 이것을 버림이라 하며, 다른 사람의 몸을 해치지 않음으로 이것을 버림이라 합니다.

보살은 버림을 닦아서 모든 선정에서도 항상 버리는 마음을 닦습니다.

그렇지만 제불 세존께서는 보살이 모든 중생들에게까지 버리는 마음 닦는 것을 허락하지 않으셨습니다. 왜냐하면 보살은 항상 정진精進을 닦되, 자기와 다른 사람을 이익되게 하기 위하여 선근善根을 부지런히 구해야 하기 때문입니다. 이것을 일러 '보살이 자기나 다른 사람을 옹호한다는 생각을 버리는 것'이라고 말하는 것입니다.

셋째, 때〔時〕라든가 때 아니라는 생각을 버리는 것이란 법의 그릇〔器〕이 아닌 중생은 버리고 인접引接하지 않는 것입니다. 헐뜯거나 조롱하고 괴롭히면 버리고 받지 않으며, 성문聲聞을 구하여 결정을 이루려는 자도 버립니다.

보시布施를 닦을 때는 지계持戒를 버리고, 지계持戒를 닦을 때는 보시를 버리며, 인욕忍辱을 닦을 때는 보시·지계·정진을 버리고, 정진精進을 닦을 때는 보시·지계·인욕을 버리며, 선정禪定을 닦을 때는 보시를 버리고, 지혜智慧를 닦을 때는 보시·지계·인욕·정진·선정의 5바라밀에 얽매이지 않고 버립니다. 이것을 일러 '때〔時〕라든가 때 아니라는 생각을 버리는 것'이라고 말하는 것입니다.

보살은 하지 않아야 할 일은 결코 하지 않습니다. 이와 같이 모든 법을 계행戒行에 편히 머물러서, 정근正勤과 용맹勇猛을 다하여 수행을 원만히 갖춥니다.

사리불이여, 이것을 일러 '보살이 버리는 마음을 닦는 것은 끝이 없다'고 말하는 것입니다."

  …『대방등대집경』권29「무진의無盡意보살품」중 …

사섭법 四攝法[11]

무진의보살이 다시 말하였다.

"사리불이여, 보살이 중생을 거두는 네 가지 법[四攝法]도 다함이 없습니다.

사섭법四攝法이란 무엇인가?

첫째 보시布施, 둘째 애어愛語, 셋째 이행利行, 넷째 동사同事입니다.

(1) 보시(布施 : 원하는 것을 베푸는 것)

보시에는 두 가지가 있으니, 법法보시와 재財보시입니다.

법보시法布施란 법을 들은 그대로 모두 연설하는 것으로, 설법 듣는 낱낱 중생을 위하여 차례로 설법하되 그릇됨이

---

11 사섭법四攝法 : 보살이 중생을 거두는 4가지 법, 곧 보시布施·애어愛語·이행利行·동사同事이다.

없어야 합니다.

법보시란 모든 보시 중에 가장 훌륭한 보시가 됩니다. 이는 바르게 잘 알고서 바르게 잘 말하는 것입니다.

재보시에 있어서 보살은 사명(邪命 : 그릇된 생활)으로 재물을 구해서 보시하지 않습니다.

보시에는 겁내는 보시와 부끄러운 보시와 인색한 보시가 없습니다. 싫어하며 하는 보시가 없고, 손감損減하는 보시가 없습니다.

아첨하는 보시와 간사한 보시가 없고, 업보를 의심하여 과보 때문에 보시하지 않습니다.

어리석은 보시가 없고, 믿지 않는 보시가 없으며, 알지 못하는 보시도 없습니다. 지치거나 어려워하는 보시가 없고, 의지하거나 집착하는 보시도 없습니다.

가려서 선택하는 보시가 없고, 이상異相한 보시도 없습니다. 받을 자를 구하여 보시하지 않고, 계율을 지킨 자에게나 계율을 범한 자에게 더 주고 덜 주는 보시가 없으며, 받는 자에게 갚기를 바라고서 보시하지 않습니다.

이름을 구하려고 보시하지 않으며 후회하는 마음으로 보시하지 않고, 스스로 자랑하며 보시하지 않습니다.

잡되거나 더러운 보시가 없고, 업보를 바라고서 보시하지 않습니다. 일정한 곳에다만 보시하지 않으며, 미워하거나 성내거나 더럽게 애착하는 따위의 마음으로 보시하지 않습니다. 낯을 찡그려가면서 보시하지 않고, 와서 애걸하는 자에게 괴롭게 하거나 해치면서 보시하지 않습니다. 가볍게 경시하며 보시하지 않고, 던져주면서 보시하지 않습니다.

항상 거리낌 없이 떳떳하게 보시하고, 질투하거나 거만한 마음으로 보시하지 않으며, 제한을 두고 보시하지 않습니다.

복밭〔福田〕 아닌 보시가 없으므로, 작은 보시를 깔보지 않으며 많은 보시 또한 찬탄하지 않습니다.

후생後生의 복락을 구하여 보시하지 않고, 제석천왕帝釋天王과 범천왕梵天王과 호세천왕과 전륜성왕의 과보를 구하여 보시하지 않습니다.

부처님의 지혜인 일체지一切智에 회향하지 않는 보시가 없습니다. 부정한 보시가 없고, 때에 맞지 않는 보시가 없으며, 중생을 괴롭히는 보시가 없습니다.

보살이 하는 보시는 지혜로운 이의 비웃음을 사지 않습니다. 왜냐하면 본래 공적함을 관觀하여 보시하므로 다함이 없고, 하는 바 없이 보시하므로 다함이 없으며, 삼유(三有 : 욕계·색계·무색계의 존재)의 모양에서 벗어나 보시하므로 다함이 없고, 처소를 가리지 않고 보시하므로 다함이 없으며, 해탈을 위하여 보시하므로 다함이 없고, 뭇 마군을 조복하고 애욕을 끊기 위하여 보시하므로 다함이 없으며, 잘 분별하여 보시하므로 다함이 없고, 보리(菩提 : 깨달음)를 돕기 위하여 보시하므로 다함이 없으며, 바르게 회향하기 위하여 보시하므로 다함이 없습니다.

이 보시는 끝이 없기에 다함이 없으며, 이 보시는 무너뜨릴 수 없기에 다함이 없고, 이 보시는 부처님의 지혜인 일체종지一切種智에 나아가기에 다함이 없습니다.

사리불이여, 이것을 일러 '보살이 보시하는 것은 다함이 없다'고 하는 것입니다."

··· 『대방등대집경』 권27 29 「무진의無盡意보살품」 중 ···

※

부처님께서 다음과 같이 말씀하셨다.

"보살은 여덟 가지 법〔八法〕[12]을 이루어 보시를 닦되

---

12 팔법八法 : ①나라는 생각을 여의고 보시함 ②나를 위한다는 마음을 여의고 보시함 ③애욕의 번뇌를 여의고 보시함 ④어리석은 무명의 소견을 여의고 보시함 ⑤남이다 나다 보리다 라는 생각을 여의고

42

허공과 같이 하느니라. 즉 보살은 나를 위하는 것을 여의어 보시하고, 무명(無明 : 無知)을 여의고 보시하느니라.

허공은 물질(物質 : 色, 形相)이 아니므로 볼 수 없는 것처럼, 보살이 행하는 보시는 물질에 의지하지 않느니라.

허공은 생각도 알음알이도 없는 것처럼, 보살이 행하는 보시도 모든 생각의 번뇌를 여의느니라.

허공은 함이 없는〔無爲〕모양인 것처럼, 보살이 행하는 보시도 함이 없고〔無爲〕조작이 없느니라.

허공은 괴로움도 즐거움도 느끼지 않는 것처럼, 보살이 행하는 보시도 온갖 것의 느낌을 여의느니라.

허공은 비어서 모양이 없는 것처럼, 보살이 행하는 모든 보시도 의식이나 생각에 의지하지 않느니라.

허공은 다하거나 끝날 수 없는 것처럼, 보살이 행하는 보시도 생사 가운데서 다하거나 끝날 수 없느니라."

… 『대방등대집경』권14 「허공장虛空藏보살품」중 …

보시함 ⑥여러 가지의 망상들을 여의고 보시함 ⑦두려워서 또는 과보 때문에 하는 마음을 여의고 보시함 ⑧인색하고 질투하는 마음을 여의고 보시함. (『大方等大集經』卷14 참조)

(2) 애어(愛語 : 자상하고 친절한 말)

"애어愛語란 유柔하고 온화한 낯으로 부드럽게 사랑하는
마음으로 하는 말입니다. 이 부드러운 말은 듣는 사람의
마음을 편안하게 해줍니다. 기뻐하는 마음을 버리지 않으며,
말하는 사람의 마음에 사랑[慈]과 따뜻함이 가득합니다.

　친절한 말은 공덕과 지혜로 마음에 인색함이 없습니다.
제도할 사람을 인도하여 착한 법으로 편안히 머물게 합니다.

　이끗을 위하여 설법하지 아니하되 멀고 가까움을 가리지
않으며, 항상 중생을 이익되게 하려는 마음으로 법을 말합
니다.

　보시가 보리(菩提 : 깨달음)의 종자를 심은 것이라면, 친
절한 말은 지계持戒와 인욕忍辱바라밀을 원만히 갖추어 보리
菩提의 싹과 줄기·가지·잎을 길러내는 것입니다."

　…『대방등대집경』권29「무진의無盡意보살품」중 …

(3) 이행(利行 : 중생을 이롭게 하는 것)

"이행利行이란 크게 가엾이 여기는 마음을 장엄하여 중생을
이롭게 해주는 것입니다. 자기에게 좋은 것을 말하여 다른
사람도 이익되게 해주고, 자기 이익을 버리고 다른 사람을

이익되게 하기도 합니다.

　법을 구하는 사람에게 의복·음식·침구를 공급하고 부처님의 착한 가르침을 설명해주며, 병든 자에게 약품을 주고 먹을 것을 기다리는 자에게 먹을 것을, 마실 것을 기다리는 자에게 마실 것을, 옷을 기다리는 자에게는 옷을 주어, 그 원하는 것에 따라 모든 것을 베풀어 줍니다. 두려워 떠는 자에게는 그 마음에 의지를 심어주어 마음을 편안하게 하여 줍니다.

　이치에 따라서 말을 하고 글자에 매어서 말하지 않습니다. 재물을 구하거나 설법 듣기를 원하거나 간에, 그 요구에 따라서 마음에 만족함을 느끼도록 편안하게 해줍니다.

　이행利行은 정진精進바라밀을 원만히 갖추어, 보리菩提에서 물러나지 않으며 보리菩提의 꽃을 점차로 피게 하는 것입니다.”

　…『대방등대집경』 권29 「무진의無盡意보살품」 중 …

(4) 동사(同事 : 이익을 중생과 함께 하고 어려운 일을 더불어 겪는 것)

"동사同事란 부처님 법을 바르게 알게 하고, 선정과 지혜를 원만히 갖추게 하는 것입니다.

이익을 함께 한다는 것은 재물을 구하고 가르침을 원하는 이들에게, 대승으로써 자기도 이롭게 하고 그들도 편히 머물게 한다는 것입니다. 항상 대승에 회향하고, 대승으로써 중생을 권하고 가르칩니다.

동사同事란 항상 불법을 원만히 갖추기 위하여 설법하는 것입니다. 온갖 슬기로운 마음으로 미묘한 법을 얻어 이 법으로써 중생을 권하고 장려합니다. 부처님의 지혜인 일체종지一切種智에 회향하며, 모든 중생들로 하여금 일체종지에 발심하도록 합니다.

강연하거나 설법할 때마다 항상 중생을 권하여 아뇩다라삼먁삼보리〔無上正等覺〕에 회향하게 합니다.

동사同事는 선정과 반야바라밀을 원만히 갖추어, 일생보처一生補處[13]에 올라 이미 능히 보리菩提의 열매를 성취한

___

13 일생보처一生補處 : 등각等覺의 지위로, 한 생만 지나면 다음에는 성불할 수 있는 이. 곧 불佛의 위치에 임명될 수 있는 보살의 최고 지위로 간략히 보처補處라고도 함.

것입니다.

　사리불이여, 이것을 일러 '보살이 사섭법四攝法으로써 중생을 거두는 일도 다함이 없다'고 말하는 것입니다."

　…『대방등대집경』권29 「무진의無盡意보살품」중 …

허공 虛空

허공은 평등하다.

높거나 낮음이 없다.

그의 체성體性도 없다.

허공은 생기는 것이 없고 멸하는 것도 없는 것처럼, 나고 〔生〕 멸함〔滅〕이 없음으로써 그 성품이 헐리지 않는다.

허공은 더함도 덜함도 없는 것처럼, 더하거나〔加〕 덜함 〔減〕이 없으니 온갖 법 모양과 같다.

허공은 밝음이 없고 어둠도 없는 것처럼, 밝거나 어둠이 없으니 심성心性도 그러하다.

햇빛이 공중을 비춘다 해도 도대체 기뻐하지 않으며, 비추지 않는다 해도 전혀 근심하지 않나니 마치 슬기로운 이의 배움과 같다.

날카로운 화살을 퍼부어도 허공을 해칠 수 없는 것처럼,

48

슬기로운 이가 공空을 닦음도 또한 해칠 수 없다.

허공에 물을 적셔 주어도 기뻐할 것이 없는 것처럼, 슬기로운 이에겐 이익을 베풀어도 또한 기뻐하지 않는다.

허공은 헐뜯거나 칭찬함에 분별이 없는 것처럼, 슬기로운 이는 헐뜯고 칭찬함에 분별이 없다.

온 땅을 움직여도 허공만은 움직일 수 없나니, 슬기로운 이는 의지함이 없으므로 법성도 움직일 수 없다.

어떤 치열한 불이라도 허공을 사르지 못하는 것처럼, 번뇌를 여읜 자는 끝내 불살라지지 않는다.

허공은 언제나 머물러도 헐어지지 않나니, 모든 법도 그러하여 항상 법계에 머문다.

허공은 온갖 빛깔을 받는 것처럼, 법계도 또한 그러하여 온갖 법을 받는다.

허공은 물질이 아니어서 모양을 볼 수 없는 것처럼, 심성心性도 그러하여 허공과 같이 모양이 없다.

허공은 처음도 중간도 나중도 없는 것처럼, 모든 법도 그러하다.

허공이란 이름만 빌렸을 뿐 아무런 형상이 없는 것처럼, 마음·뜻·의식도 그러하여 이름만 빌려서 말하는 것이다.

허공이 가이 없어 끝내 취할 수 없는 것처럼, 보리菩提를 닦는 것도 그러하여 닦는 것을 볼 수가 없다.

몸뚱이 없어진 과거는 허공의 평등함과 같고, 현재의 오음
五陰[14]은 허공의 모양과 같다.

네 가지 요소[四大 : 地·水·火·風]도 그러하여 마치 허공
같으니, 삼재三災의 뒤와도 같아서 다른 모양이 없다.

중생들이 아무리 많아도 허공을 가득하게 할 수 없듯이,
범부凡夫도 그러하여 오욕五欲을 만족시킬 수 없다. 그렇지
만 만약에 성자의 지혜가 있어 일체법을 분명하게 안다면
만족을 느끼리니, 구할 것도 없고 간탐도 탐착도 여의게
될 것이다.

허공이 광대하여 그지없고 끝없는 것처럼, 부처님 법도
그러하여 끝도 가[邊]도 없다.

만약에 모든 법 성품이 부처님 법이라고 안다면, 그는
물질에 의지하지 않으며 또한 버리지도 않으리라. 물질과
물질 아님을 알고서 일체법이 다한 곳에 이른다면, 물질이나
물질 아닌 것의 두 가지 차별상을 여의리라.

음성으로 허공을 설명하려 하더라도, 허공의 성품은 음성

---

14 오음五陰 : 물질적 요소인 색(色 : 물질, 육신)과 정신적 요소인 수
(受 : 느낌)·상(想 : 생각)·행(行 : 의지작용)·식(識 : 인식)을 말한다.
간단히 줄여 '중생의 몸과 마음'을 일컬음.

이 아니므로 음성도 있을 수 없기에 이를 '허공'이라 이름 한다.

부처님께서 허공을 말씀하신다 해도 마침내 말이 없으시니, 허공의 성품을 말할 수 없으므로 이를 '허공'이라 이름하는 것이다.

허깨비·꿈·아지랑이·그림자·메아리와 같이, 모든 부처님의 설법하심도 또한 모두 다 그러하다. 중생을 인도하기 위하여 이와 같은 비유를 말하지만, 참되고 청정한 이치는 다시 비유할 수조차 없다.

모든 법은 모양이 없는데 모양으로써 말을 하나니, 모양이거나 모양 아니거나 법의 성품으로는 모두 다 없는 것이다.

진실한 모양을 모양이라 하여도 허공은 또한 모양이 없으니, 이 모양을 체득하였다면 이를 '보살'이라 할 것이다.

중생을 여의지 않으면서 중생의 무리〔數〕에도 들지 아니하되, 중생의 성품과 같이 하기에 이를 '보살'이라 한다. 마치 요술쟁이가 뭇 허깨비를 살해하더라도 실상은 죽은 것이 없는 것처럼, 제도하는 바도 또한 그와 같은 것이다.

세상을 구제하는 큰 선인〔大仙〕이 네 가지의 다함없음〔無爲〕을 말하는데, 이는 곧 허공과 도심道心과 중생과 부처님의 행이다.

만약에 허공을 보배라고 한다면 곧 쌓아서 모을 수 있겠지만, 보배가 아니고 보배도 없으니 그러므로 다함이 없다 하는 것이다.

이 문門을 아는 이는 보리菩提에 가까울 것이니, 이 문에 머무르기 때문에 빨리 보리를 성취하리라.

··· 『대방등대집경』 권16 「허공장虛空藏보살품」 중 ···

※

허공은 온갖 중생을 두루 이익되게 하는 것처럼, 보살이 보시를 행하여 중생을 이롭게 하는 것도 그와 같다.

허공이 청정한 것처럼, 보살이 계율戒律을 지니어 청정한 것도 그와 같다.

허공은 뜨거운 열뇌熱惱가 없는 것처럼, 보살이 계율을 지키어 번뇌 없는 것도 그와 같다.

허공은 소굴巢窟이 없는 것처럼, 보살이 계율을 지니되 의지하는 곳 없는 것이 역시 그와 같다.

허공은 미워함도 사랑함도 없는 것처럼, 보살이 인욕을 닦아서 미워함도 사랑함도 없는 것이 또한 그와 같다.

허공이 변하거나 바뀜이 없는 것처럼, 보살이 끝까지 변하거나 바뀌는 마음 없이 인욕忍辱을 닦는 것도 그와 같다.

허공은 온갖 바램을 여읜 것처럼, 보살이 구하는 마음 없이 계율을 옹호하는 것도 그와 같다.

허공이 은혜 갚음을 바라지 않는 것처럼, 보살이 인욕을 닦더라도 일체중생에게 보상을 바라지 않는 것 역시 그와 같다.

허공은 지치거나 게으름이 없는 것처럼, 보살이 한량없는 겁劫에 부지런히 정진하더라도 지치거나 싫어하지 않는 것도 그와 같다.

허공이 온갖 빛깔을 모두 용납하여 받아들이더라도 그 허공 자체가 덮이거나 막힘이 없는 것처럼, 보살이 온갖 중생을 용납하여 받아들이더라도 부지런히 정진하매 평등하고 거리낌 없는 것이 또한 그와 같다.

허공이 온갖 약초와 총림叢林을 생산하더라도 허공은 머무는 곳이 없는 것처럼, 보살이 온갖 중생의 착한 근기를 더하고 이롭게 하기 위해 부지런히 정진하더라도 의지하거나 집착함이 없고 머무는 곳 없는 것이 역시 그와 같다.

허공은 본래의 성품이 청정하여 객진客塵에 더럽혀지지 않는 것처럼, 보살도 본 성품이 청정하여 부지런히 정진하되 중생을 위해 당장 눈앞에서 생사生死를 받더라도 더러운 티끌번뇌에 물들지 않는 것이 그와 같다.

허공이 모든 소견에 집착하지 않는 것처럼, 보살이 선정禪定을 닦으며 모든 소견을 여의는 것도 그와 같다.

허공은 온갖 교만이 없는 것처럼, 보살이 선정을 닦아서 온갖 교만을 여의는 것이 또한 그와 같다.

허공은 마음이 아닌 것처럼, 보살이 선정을 닦아서 마음과 뜻과 의식을 여의는 것도 그와 같다.

※

선남자야, 보살은 평등한 마음으로 선정을 닦으니 평등한 마음 아닌 것이 없다.

어떤 것이 평등한 마음인가?

마음이 높지도 낮지도 않고, 구함도 구하지 않음도 없고, 조작도 조작 아닌 것도 없으며, 분별도 분별 아닌 것도 없고, 행하거나 행하지 않음도 없으며, 취하거나 버림도 없고, 밝고 어둠도 없으며, 아는 것도 알지 못하는 것도 없고, 생각하거나 생각하지 않는 것도 없다. 하나도 아니고 다른 것도 아니며, 둘도 아니고 둘 아닌 것도 아니며, 움직이는 것도 움직이지 않는 것도 아니다. 가는 것도 가지 않는 것도 아니고, 닦음도 닦지 않는 것도 아니니, 마음이 온갖 경계를 반연하지 않는 것을 '평등한 마음'이라 하는 것이다.

선남자야, 마치 허공은 화재가 일어나도 불에 태워지지 않고 수재에도 물에 떠내려가지 않는 것처럼, 보살은 온갖 번뇌의 불에 태워지지 않고 여러 선정·해탈·삼매에 들뜨지도 않는다.

스스로의 마음이 어지럽다거나 안정된다거나 함이 없이, 중생들의 어지러운 마음을 안정되게 해준다.

… 『대방등대집경』 권14 「허공장虛空藏보살품」 중 …

보리 菩提

부처님께서 말씀하셨다.

"선남자야, 여래 세존如來世尊은 크게 가엾이 여기는 마음〔大悲〕을 멀리 떠난 적이 없다.

위없이 가장 높은 깨달음〔無上菩提〕과 크게 가엾이 여기는 마음〔大悲〕, 이 두 가지 법은 평등하여 차별이 없다.

여래가 얻은 위없이 가장 높은 깨달음은 뿌리도 없고 머무름도 없다. 뿌리는 아견我見을 말하고, 머무름은 4가지 뒤바뀐 소견〔四顚倒〕[15]을 말한다.

---

15 사전도四顚倒 : 올바른 이치에 어긋난 범부중생들의 4가지 뒤바뀐 견해를 말한다. 즉 윤회하는 삶의 생사가 무상無常·무락無樂·무아無我·무정無淨인 것을 상常·낙樂·아我·정淨이라고 망령되이 집착하는 것이다. 이를 유위有爲의 4가지 그릇된 소견〔四顚倒〕이라 하고, 열반의 상常·낙樂·아我·정淨을 무상無常·무락無樂·무아無我·무정

선남자야, 무릇 보리菩提란 것은 청정하고 고요하다. 어떤 것을 청정하다 하고, 어떤 것을 고요하다 하는가?

청정이란 안[內]을 말하고, 고요함이란 바깥[外]을 말한다. 안[內]은 눈[眼]이 공空한 것을 말한다. 눈이 공한 것[眼空]이란, '나'도 없고 '내 것'도 없는 것을 가리킨다. 왜냐하면 성품은 하나이기 때문이다. 눈이 공한 것과 마찬가지로, 귀·코·혀·몸·뜻도 그와 같이 공空하다.

눈이 공한 것[眼空]을 알면 바깥[外]에 탐착하지 않으니, 색심色心에 탐착하지 않는다. 이것을 고요하다 하는 것이다. 하지만 일체 중생은 보리菩提가 청정하고 고요함을 알지 못하므로, 이것을 밝게 알도록 대비심을 일으켜 정법을 연설하는 것이다.

선남자야, 일체 중생의 마음 성품은 본디 깨끗하다. 성품이 본디 깨끗하다는 것은 번뇌의 모든 매듭도 염착染着할 게 없는 것이 마치 허공을 더럽게 할 수 없는 것과 같다는 뜻이다.

無淨이라고 망령되이 집착하는 것을 무위無爲의 4가지 그릇된 소견[四顚倒]이라고 한다.

심성心性과 공성空性은 평등하니, 둘이 있는 것이 아니라
는 뜻이다. 그러나 일체 중생은 심성의 깨끗함을 모르는
까닭에 욕심과 번뇌에 얽매이게 되는 것이다.

선남자야! 대저 보리菩提란 것은 취하지도 않고 버리지도
않으니, 어떤 것을 취하지 않는다 하는가?
여래는 일체법의 이 세속 언덕〔此岸〕과 저 열반 언덕〔彼岸〕
을 보지 않는다. 왜냐하면 일체법은 세속〔此岸〕과 열반〔彼
岸〕을 떠났기 때문이다.
어떤 것을 버리지 않는다 하는가?
일체 중생은 법계法界를 알지 못한다. 여래가 가르쳐서
다 알게 할 것이다. 이것을 버리지 않는다 하는 것이다.

선남자야! 대저 보리菩提란 것은 생각도 없고 인연도 없으
니, 어떤 것을 생각도 없고 인연도 없다 하는가?
눈 알음알이〔眼識 : 눈에 보이는 일체의 물질을 가지고 이것
은 좋고, 저것은 나쁘다 하고 식별을 내는 것〕 내지 뜻 알음알이
〔意識 : 뜻으로 옳다, 그르다 분간하는 것〕를 내지 않고, 빛깔
모양〔色相 : 희다, 검다, 붉다, 누르다 등으로 보이는 것〕이나,
법 모양〔法相 : 이리하면 죄가 되고 저리하면 복이 되고 하면서

구별하는 것〕을 보지 않는다.

이런 법 가운데 알지 못하고 보지 않으니 취착取着함이 없다. 이것을 생각도 없고 인연도 없다고 하는 것이다.

생각이 없고 인연 없는 것을 성자의 수행〔聖行〕[16]이라 하나니, 어떤 것을 성자의 수행〔聖行〕이라 하는가?

이른바 삼계(三界 : 욕계·색계·무색계)의 행行을 행하지 않는 것을 말한다. 선남자야, 이렇게 삼계의 행을 행하지 않는 것을 성자의 수행〔聖行〕이라 한다.

모든 성인聖人들은 삼계의 행行을 행하지 않고, 꾸준히 쉴 새 없이 행하나 행한다는 생각이 없다. 그러나 중생들은 이러한 성자의 수행을 하지 않기에, 여래는 중생들에게 이것을 밝게 알도록 대비심을 일으켜 정법을 연설하는 것이다.

선남자야, 대저 보리菩提란 삼세(三世 : 과거·현재·미래)가 아니다. 삼세三世가 아닌 것을 삼등三等이라 한다. 과거의 뜻, 미래의 알음알이, 현재의 탐욕을 삼분三分이라 하는데, 능히 이 삼분三分을 분명히 다 알기 때문에 과거와 미래와

---

16 성행聖行 : 꾸준히 쉬지 않고 착한 법을 행한다. 행한다는 생각이 없이 행하고, 또 행했다는 생각도 없이 닦는 것을 말함.

현재의 바램이 머무는 곳이 없다.

　이런 까닭으로 과거를 생각하지 않고 미래를 구하지 않으며 현재를 애착하지 않는다. 만일 삼세三世를 모두 평등한 것이라고 본다면 이것을 바른 소견〔正見〕이라고 한다.

※

　선남자야, 대저 보리菩提란 것은 몸이 없고〔無身〕함이 없다〔無爲〕. 곧 안식계(眼識界 : 눈 알음알이의 경계)가 아니며 의식계(意識界 : 뜻 알음알이의 경계)도 아니다. 이것을 몸이 없다〔無身〕고 한다. 또한 나지도 않고〔不生〕없어지거나 다하지도 않으며〔不滅·不盡〕머물지도 않아서〔不住〕, 이 세 가지 모양〔三相 : 生·住·滅〕이 없다. 이것을 함이 없다〔無爲〕고 하는 것이다.

　선남자야, 모든 법의 성품〔法性〕은 성품이 없는 것이다. 성품性品이 없다고 하면 곧 두 가지가 없는 것이니, 이런 까닭으로 보리菩提는 몸이 없고 함이 없다고 하는 것이다.

　일체중생은 보리菩提가 몸이 없고〔無身〕함이 없는 것〔無爲〕임을 알지 못한다. 여래는 중생들에게 이것을 밝게 알도록 대비심을 일으켜 정법을 연설하는 것이다.

선남자야, 대저 보리菩提란 것은 분별이 없고 글귀와 뜻이 없다. 어떤 것을 분별이 없다 하고, 어떤 것을 글귀와 뜻이 없다 하는가?

머무는 곳이 없는 것을 분별이 없다 하고, 글자를 거두지 않는 까닭에 글귀와 뜻이 없다 한다.

중생계가 허공과 같음을 아는 것을 분별이 없다 하고, 중생계가 없는 까닭에 글귀와 뜻이 없다는 것이다.

나지 않는(不生) 까닭에 분별이 없다 하고, 집(宅)이 없는 까닭에 글귀와 뜻이 없다 한다.

평등함을 아는 까닭에 분별이 없다 하고, 고요한 까닭에 글귀와 뜻이 없다 한다.

선남자야, 대저 보리菩提는 몸으로써 얻는 것도 아니고 마음으로써 얻는 것도 아니다.

무슨 까닭인가?

몸과 마음은 눈홀림(幻)과 같기 때문이다. 만일 능히 몸과 마음의 진실을 다 안다면 이것을 보리菩提라 한다. 유포流布하려고 하기 때문에 보리菩提라 말하나, 보리의 성품(性)과 모양(相)은 참으로 말할 수 없다.

선남자야!

대저 보리菩提란 것은 몸이라고 말할 수 없으며, 마음이라고도 말할 수 없다. 법이라고 말할 수 없으며, 법이 아니라고도 말할 수 없다. 있다고 말할 수 없으며, 없다고도 말할 수 없다. 진실하다고 말할 수 없으며, 허망하다고도 말할 수 없다.

무슨 까닭인가?

성품〔性〕은 말할 수 없기 때문이다.

보리菩提는 머무는 곳이 있지 않으니, 펼쳐 말할 수 없는 것이 마치 허공과 같다. 진실로 일체법을 알기 위해서는 펼쳐 말할 수 없으니, 글자 가운데 법이 없고 법 가운데 글자가 없기 때문이다. 그래도 유포流布하기 위해서는 일부러 펼쳐 말할 수 있지만, 일체 범부凡夫들은 참된 진실을 알지 못한다.

선남자야, 대저 보리菩提란 것은 취取함도 없고 반연함도 없다. 어떤 것을 취함이 없다 하고, 어떤 것을 반연함이 없다고 하는가?

눈의 진실함을 아는 것을 취함이 없다 하고, 눈의 대상경계가 없음을 아는 것을 반연함이 없다고 하는 것이다.

이와 같이 해서 귀·코·혀·몸·뜻의 진실함을 아는 것을 취함이 없다 하고, 귀·코·혀·몸·뜻의 대상경계가 없음을 아는 것을 반연함이 없다고 한다.

여래 세존은 이와 같은 이치로써 보리菩提는 취착할 것이 없는 것을 알기 때문에 취함이 없다 하고, 머물 집〔屋宅〕이 없기 때문에 반연함이 없다 한다.

안식(眼識 : 눈 알음알이)이 저 빛깔 가운데 머물지 않는 것을 집이 없다고 하는 것이며, 이와 같이 이식耳識·비식鼻識·설식舌識·신식身識·의식意識도 마찬가지이다.

일체 중생들의 마음도 머무는 곳이 없고, 여래 세존은 사실 그대로 마음의 머무는 곳 없음을 안다.

마음의 머무는 곳 없는 것이 네 가지가 있다. 색色·수受·상想·행行이다. 이 네 가지 법에서 마음이 머무는 곳이 없으니, 이것을 마음이 머무는 곳이 없다고 한다. 그러므로 일체법은 모두 다 머무는 곳이 없다. 일체 범부 중생들은 능히 이를 알지 못하므로, 여래가 이에 대비심을 일으켜 정법正法을 연설하는 것이다.

※

선남자야, 대저 보리菩提는 공空하다.

그러나 보리菩提 가운데 공한 모양이 있는 것은 아니다. 그러므로 공空이라 한다.

일체 모든 법도 공空하고, 보리菩提도 그렇다. 여래 세존은 진실로 이와 같은 공空을 안다. 그런 까닭에 여래를 일컬어 '공空을 아는 분'이라 하고, 모든 부처님은 '일체법을 깨달았다〔覺〕'고 하는 것이다.

공空 가운데 공한 것을 깨달아 알면, 공空과 보리菩提는 바로 하나요 둘이 아니다. 공空을 떠나서 따로 보리의 법이 있다면 둘이라고 말할 수 있지만, 둘이 없기 때문에 공空이라 하는 것이다.

명자名字가 없기 때문에 공空이라 하고, 모양이 없기 때문에 공空이라 한다. 위의威儀가 없기 때문에 공空이라 하며, 닦아 행할 것이 없기 때문에 공空이라 한다. 말이 없기 때문에 공空이라 하고, 말없는 가운데 말이 있지 않으므로 공空이라 하는 것이다. 선남자야, 제일의 진리란 바로 모든 법이 없음을 뜻한다.

그렇다면 어떤 것을 공空이라 말하는가?

선남자야, 비유하건데 허공이 말없는 것과 같다. 즉 말이 없기 때문에 허공이라 하는 것이다. 일체 모든 법도 모두 이와 같아서, 이름〔名字〕 없는 법을 이름으로 말하는 것이다.

이와 같은 이름은 머무는 곳이 없다. 만일 이름이 머무는 곳이 없다면, 이름 속에 딸린 법도 역시 마찬가지로 머무는 곳이 없다.

여래는 이러한 법이 나지도 않고 없어지지도 않음〔不生不 滅〕을 진실로 안다. 진실로 알기 때문에 해탈하여 본디 얽매 임이 없음을 증득한 것이다.

선남자야, 대저 보리菩提란 것은 허공과 같다. 허공의 성품은 평평하지도 낮지도 않으니, 보리도 역시 그러하다. 만약 법의 성품이 없다면 평평하다거나 낮다고 말할 수 없다.

여래 세존은 일체법이 평평하지도 않고 낮지도 않으며, 이와 같이 해서 작은 티끌 하나조차도 평평하거나 낮거나 하지 않다는 것을 안다.

만일 법으로서 성품이 있다면 곧 여실한 지혜〔如實智〕[17]뿐 이다. 여실지如實智란 것은 일체법은 본디 없었지만 지금 있기도 하고, 옛날에 있었지만 도로 없어지기도 해서, 생길

---

17 여실지如實智 : 부처님께서 얻은 지혜로, 제법의 실상을 아는 지혜이
  다. 곧 실상에 계합하는 지혜를 말함.

때나 없어질 때나 얽매임 없이 인연 따라 나오고 인연 따라
사라지는 것을 아는 것이다. 이 이치로 해서 도道라고 하며,
이 도道를 끊기 때문에 보리菩提라 한다.

　범부 중생들은 이와 같은 진실한 도道를 알지 못하므로,
여래는 중생들에게 이것을 알도록 대비심을 일으켜 정법을
연설하는 것이다.

　선남자야, 대저 보리菩提는 진실한 글귀[眞實句]라 한다.
진실한 글귀란 것은 바로 이 보리菩提다.

　색色도 역시 이와 같아서 이 두 글귀[色과 眞實句]는 평등하
여 차별이 없다. 따라서 수受·상想·행行·식識과 지地·수水·
화火·풍風과 안계眼界·색계色界·안식계眼識界로부터 의계
意界·법계法界·의식계意識界의 십팔계十八界가 모두 다 그
러하다. 이것을 법의 유포流布라고 한다.

　여래는 진실로 이와 같은 음陰[18]·입入[19]·계界[20]의 법을 깨달

---

18 음陰 : 여기에서는 중생의 육신과 정신을 이루는 다섯 가지 쌓임[五陰]
　을 가리킨다. 즉 색色·수受·상想·행行·식識의 오음을 말함.

19 입入 : 육근六根인 안眼·이耳·비鼻·설舌·신身·의意의 대상이 되는
　여섯 경계[六境 또는 六塵], 곧 색色·성聲·향香·미味·촉觸·법法이
　서로 화합하여 갖가지 감각 작용을 일으킨다. 육근六根과 육경六境을

아 알아서 전도(顚倒 : 뒤바뀜)하지 않는다.

전도顚倒하지 않는다는 것은 과거의 법이 생기지도 않았고 없어진 것도 아니며, 현재의 법이 생기지도 않고 없어지지도 않으며, 미래의 법이 생기지도 않고 없어지지도 않는다는 것을 전부 아는 것이다.

이와 같은 것을 다 분명히 알아 마쳤기에 전도하지 않는다고 하며 진실한 글귀〔句〕라고 말하는 것이다.

선남자야, 대저 보리菩提란 것은 안〔內〕도 아니요 바깥〔外〕도 아니다. 어떤 것을 안〔內〕이라 하고, 어떤 것을 바깥〔外〕이라 하는가?

안〔內〕은 짓는 것〔作〕을 말하고, 바깥〔外〕은 모양〔相〕을 말한다.

보리菩提의 실체〔體〕는 짓는 것도 아니고 모양도 아니다. 안〔內〕이 아니란 것은 조작造作하는 바가 없는 것이고, 바깥

합해서 십이입十二入 또는 십이처十二處라고 함.

20 계계界 : 육근六根과 육경六境이 서로 반연하여 발생되는 6가지 인식〔六識 : 眼識·耳識·鼻識·舌識·身識·意識〕까지 합해서 갖가지 분별 인식 작용이 펼쳐진다. 육근六根, 육경六境, 육식六識을 합해서 십팔계十八界라고 함.

〔外〕이 아니란 것은 깨달아 알아차릴 대상〔相〕이 없다는
뜻이다. 이런 까닭에 안도 아니요 바깥도 아니라고 하는
것이다.

또 안〔內〕이 아니라 함은 몸·입·뜻의 업이 아니고, 바깥
〔外〕이 아니라 함은 이 세 가지 업의 인연으로 하지 않는다는
것이다.

안〔內〕이 아니라 함은 모양 없는 해탈문〔無相解脫門〕이고,
바깥〔外〕이 아니라 함은 공해탈문空解脫門이다.

※

선남자야, 대저 보리菩提란 것은 누漏도 없고, 취取도 없
다. 어떤 것을 누漏가 없다 하고, 어떤 것을 취取가 없다
하는가?

누漏가 없다는 것은 4가지 휩쓸어버리는 번뇌흐름〔四流〕[21]

---

21 사류四流 : 모든 착한 일을 휩쓸어 없애버리는 번뇌라는 의미로써
'사폭류四暴流'라고도 하고, 또는 4가지 멍에라는 뜻으로 '사액四軛'
이라고도 한다. ①욕류欲流 ②유류有流 ③견류見流 ④무명류無明流
등이다.
또 설일체유부說一切有部에서는 108번뇌를 사류四流 가운데 배당하
는데, 욕계의 탐貪·진瞋·만慢·의疑의 29종 번뇌를 욕류欲流로, 색
계·무색계의 탐貪·만慢·의疑의 28종 번뇌를 유류有流로, 삼계의

68

을 멀리 여의는 것을 말한다. 4가지 휩쓸어버리는 번뇌흐름〔四流〕이란 욕류欲流[22]·유류有流[23]·무명류無明流[24]·견류見流[25]이다.

취取가 없다는 것은 4가지 취착하는 번뇌〔四取〕[26]를 멀리 여의는 것을 말한다. 4가지 취착하는 번뇌〔四取〕란 욕취欲取[27]·유취有取[28]·견취見取[29]·계취戒取[30]이다.

─────────

사견邪見 36종을 견류見流로, 삼계의 무명無明 15종을 무명류無明流로 분류하고 있다.

22 욕류欲流 : 어리석음을 제외한 욕계에서 일으키는 근본 번뇌와 십전 (十纏 : 無慚·無愧·嫉·慳·悔·眠·掉擧·惛沈·忿·覆)의 번뇌.

23 유류有流 : 어리석음을 제외한 삼계에 윤회하는 중생의 번뇌.

24 무명류無明流 : 삼계에 윤회하는 중생의 어리석은 번뇌.

25 견류見流 : 그릇된 견해와 잘못된 사상의 번뇌.

26 사취四取 : 취取란 집취執取 또는 집착執着의 의미로, 집착하는 번뇌를 말한다. 설일체유부에서는 삼계중생의 108번뇌를 사취四取로 분류하는데, ①욕취欲取 ②유취有取(我語取) ③견취見取 ④계 취 戒取 등이다.

27 욕계에 사는 중생이 오욕락의 경계에 대해 일으키는 집착.

28 중생이 어리석어 자기가 따로 존재한다고 생각해 일으키는 아집.

29 잘못된 견해와 그릇된 생각을 진실이라고 집착하는 번뇌.

30 계율에 대한 인식이 잘못되어, 무조건 채식만 하면 천상에 태어난다는 식의 그릇된 계율에 관한 집착. (계금취견戒禁取見의 준말)

모든 중생은 무명無明에 덮이어 4가지 취착하는 번뇌〔四取〕를 행하고, 애욕 때문에 '나'와 '내 것'을 만든다.

여래는 나에 집착하는 아취我取의 근본을 다 아나니, 그러므로 내〔我〕가 청정하고, 내가 청정하기에 능히 중생을 청정하게 할 수 있는 것이다.

내가 청정하다는 뜻은 곧 일체 모든 법을 깨달아 알려하지 않으며, 온갖 그릇된 법도 생각하지 않고 무명無明을 일으키지 않는 것이다.

무명의 인연을 일으키지 않으므로 십이인연 중 생존의 본능〔有〕을 일으키지 않고, 생존의 본능〔有〕이 생기지 않으므로 태어나지 않으며, 태어나지 않는〔不生〕 까닭에 결정취決定聚에 들어간다. 결정취에 드는 것을 요의(了義 : 명확한 진리)³¹라 하고 제일의 진리〔第一義〕라 한다.

제일의 진리〔第一義〕란 중생이 없는 것이며, 중생이 없는 이치란 가히 말로 설할 수 없는 것이다. 말로 설할 수 없는 이치는 곧 십이인연의 뜻이고, 십이인연의 뜻은 곧 법의 이치이며, 법의 이치는 곧 여래이다. 이런 뜻으로 내가 경經 가운데서 '만일 십이인연을 볼 수 있다면 곧 법을 보는 것이

---

31 구경까지 다 밝힌 진리.

되니, 법을 본다는 것은 여래를 보는 것이다. 여래를 본다는 것은 바로 보는 바가 없는 것이니, 그 보는 바는 삿된 것이다 라고 말했던 것이다.

대저 삿된 소견[邪見]이란 생각으로 헤아리는 법[想數法] 을 말한다. 여래는 생각[想]이 없고 생각으로 헤아리는 망상 [想數]도 없다. 이런 이치로 인해 여래를 본다는 것은 보는 바가 없다는 것이다.

만일 여래가 생각[想]이 없고 조작[作]이 없으며 알아야 할 것이나[知] 깨달을 것도[覺] 없음을 본다면, 이는 진실로 여래를 본 것이라 할 것이다. 여래도 그러하여 일체 모든 법이 평등함을 깨달아 안다.

※

선남자야!

대저 보리菩提는 청정하고 고요하며, 광명이고 다툼이 없다.

어떤 것을 청정하다 하고, 어떤 것을 고요하다 하며, 어떤 것을 광명光明이라 하고, 어떤 것을 다툼이 없다고 하는가?

번뇌에 섞이지 않는 것을 청정하다 하고, 공空 해탈문을 고요하다 한다. 또한 모양도 없고[無相] 바램도 없는[無願]

것을 광명이라 하며, 생김도 없고〔無生〕없어짐도 없는〔無滅〕것을 다툼이 없다고 한다.

성품〔性〕을 청정하다 하고, 모든 번뇌 없는 것을 고요하고 광명이며 다툼이 없다고 한다.

허공의 성품〔性〕을 청정하다 하고, 법계法界를 분별하지 않는 것을 고요하고 광명이며 다툼이 없다고 한다.

안·밖이 깨끗한 것을 청정하다 하고, 안·밖의 법을 취하지 않고 탐착하지 않는 것을 고요하고 광명이며 다툼이 없다고 한다.

진실로 오음五陰[32]이 허망한 줄 아는 것을 청정하다 하고, 진실로 십팔계十八界[33]의 모든 분별인식이 공空한 줄 아는 것을 고요하며 광명이라 하고, 십이입十二入[34]의 온갖 감각 작용을 멀리 여의는 것을 다툼이 없다고 한다.

과거가 다해 없음을 보는 것을 청정하다 하고, 미래가 아직 생기지 않았음을 보는 것을 고요하다 하며, 현재의 법이 법계에 머물러서 흔들림 없음을 보는 것을 광명이며 다툼이 없다고 한다.

---

32 중생의 몸과 마음. 각주18 참조

33 각주20 참조

34 각주19 참조

72

번뇌를 멀리 여읜 까닭에 청정하다 하고, 필경에 마지막까지 깨끗하기 때문에 고요하다 하며, 어둠이 없기 때문에 광명이라 하고, 말할 수 없기 때문에 다툼이 없다고 한다. 이런 까닭에 석가 여래는 묵묵히 말하는 바가 없다고 한다.

선남자야!

대저 보리菩提는 곧 이 허공이니, 허공을 이름하여 법이라 한다. 법이 허공과 같은 것처럼 중생도 그러하고, 중생이 허공과 같은 것처럼 복밭[福田]도 그러하며, 복밭이 허공과 같은 것처럼 열반도 또 그러하다. 이런 이치로 인해 일체 모든 법은 열반과 같은 것이다.

여래는 능히 이러한 법계를 깨달았기에 부처[佛]라 한다. 또 청정하고 고요하며 광명이고 다툼 없음을 닦아 구족하였기에, 청정·고요·광명·다툼 없음의 네 글귀를 부처[佛]라 한다.”

…『대방등대집경』권2 「다라니자재왕陀羅尼自在王보살품」중 …

대승 大乘

부처님께서 말씀하셨다.

"승乘이란 한량없음을 말함이니, 가이없고 끝이 없기에 널리 온갖 것에 두루함이 마치 허공과 같이 넓고 커서 온갖 중생을 용납하여 받아들이기 때문이다.

그 승乘이 넓고 크므로 대승이라 하고, 여러 중생에게 걸림이 없으므로 대승이라 하며, 일체의 지혜와 선근善根의 근본이 되므로 대승이라 한다.

번뇌의 여러 매듭과 어둠이 없으므로 대승이라 하고, 있는 광명이 곳곳마다 두루 비치지 않음이 없으므로 대승이라 하며, 그 주변을 두루하여 안목眼目이 되므로 대승이라 한다.

본 성품이 항상 깨끗하여 처음부터 더러움이 없으므로 대승이라 하고, 번뇌의 일체 습기(버릇)를 끊으므로 대승이라 한다.

대승은 계戒를 가지므로 청정하고 선정禪定을 닦으니 편히 머물며, 지혜를 닦아서 번뇌가 없고 해탈을 닦으니 얽매임이 없다.

일체법이 평등하여 두 가지 없음을 보이니 해탈 지혜〔解脫智〕라 하고, 부처님의 열 가지 힘〔十力〕[35]을 거두니 움직임이 없다 한다. 또 네 가지 두려움 없음〔四無所畏〕[36]을 갖추니 겁냄이 없다 하고, 큰 자비를 닦으니 평등하다 한다.

일체의 악마 무리를 파괴破壞하니 최고의 승자라 하고, 번뇌의 마군을 부수니 고요하다 한다. 음마陰魔를 무너뜨리

---

35 십력十力 : 여래만 갖춘 10가지 종류의 지력智力.
　① 처비처지력處非處智力 ② 업이숙지력業異熟智力
　③ 정려해탈등지등지지력靜慮解脫等持等至智力
　④ 근상하지력根上下智力 ⑤ 종종승해지력種種勝解智力
　⑥ 종종계지력種種界智力 ⑦ 변취행지력遍趣行智力
　⑧ 숙주수념지력宿住隨念智力 ⑨ 사생지력死生智力
　⑩ 무루지력無漏智力 등이다.
36 사무소외四無所畏 : 여래의 4무소외四無所畏에
　① 일체지무소외一切智無所畏 ② 일체누진지무외一切漏盡智無畏
　③ 설장도무소외說障道無所畏 ④ 설진고도무소외說盡苦道無所畏,
　보살의 4무소외四無所畏에
　① 능지무소외能持無所畏 ② 지근무소외知根無所畏
　③ 결의무소외決疑無所畏 ④ 답보무소외答報無所畏가 있다.

니 헤아릴 수 없다 하며, 사마死魔를 깨뜨리니 항상 머문다
한다.

보시布施바라밀을 구족하니 넉넉하다 하고, 지계持戒바라
밀을 구족하니 번뇌가 없다 하며, 인욕忍辱바라밀을 구족하
니 원망이 없다 하고, 정진精進바라밀을 구족하니 움직임이
없다 한다. 또한 선정禪定바라밀을 구족하니 번뇌가 없다
하고, 지혜智慧바라밀을 구족하니 일체 모든 세간과 출세간
에서 뛰어났다고 한다.

팔정도八正道로 인하여 얻음이 있으니 편안하다 하며,
선정과 지혜의 날개를 갖추므로 가는 곳마다 걸림이 없고,
여러 근根을 조복하므로 큰 신통이라 한다. 사정근四正勤[37]을
닦으니 일체 모든 부처님 세계를 볼 수 있고, 사념처四念處[38]

---

[37] 사정근四正勤 : 4가지 바른 노력. 삼십칠조도품三十七助道品 가운데
하나이다. '사정단四正斷' 또는 '사의단四意斷'이라고도 한다.
①율의단律儀斷 : 아직 생기지 않은 악을 생기지 않도록 힘쓰는 것.
②단단斷斷 : 이미 생긴 악을 끊기 위해 힘쓰는 것.
③수호단隨護斷 : 아직 생기지 않은 선을 생기도록 힘쓰는 것.
④수단修斷 : 이미 생긴 선을 증장하도록 힘쓰는 것 등이다.

[38] 소승 삼현위三賢位에서 5정심관(부정관·수식관·자비관·인연관·
관불관) 다음에 닦는 4가지 관법을 말한다.
①신념처身念處 : 부모에게 물려받은 우리 육신의 부정함을 관함.

를 닦으므로 악한 법을 멀리 떠나고 착한 법에 친근하며,
칠각분七覺分[39]을 닦아서 일체 번뇌의 매듭을 멀리 떠나,
함이 없고[無爲]·번뇌가 없으며[無漏]·이길 이가 없고[無

---

②수념처受念處 : 우리가 좋다고 생각하는 재물이나 성욕 또는 자녀
등에 대해 고통임을 관함.

③심념처心念處 : 우리 마음이 그대로 있는 것이 아니라, 항상 변화
무상無常함을 관함.

④법념처法念處 : 자신을 포함한 일체 만유에 불변의 고유한 실체가
없음[無我]을 관함.

39 칠각분七覺分 : 불도를 수행하는 데 깨달음의 지혜를 성취하도록
도와주는 것이란 뜻에서 '칠각지七覺支'라고도 하고, 또는 '칠보리분
七菩提分' '칠각경七覺竟' '칠각七覺'이라고도 한다.

①염각분念覺分 : 보리법을 생각하여 끝까지 잊지 않는 법.

②택법각분擇法覺分 : 지혜로 선악의 진위를 분별하여 선택하는 법.

③정진각분精進覺分 : 용맹스런 마음으로 온갖 나쁜 것을 버리는
데 게으르지 않는 법.

④희각분喜覺分 : 마음에 선법善法을 얻어서 환희심으로 모든 수심
과 고뇌를 여의는 법.

⑤제각분除覺分 : 몸과 마음의 모든 번뇌를 제거하여 여의는 법.
신심이 경쾌하고 안온하므로 경안각분輕安覺分이라고도 함.

⑥정각분定覺分 : 선정에 의해 마음을 산란하지 않게 하는 법.

⑦사각분捨覺分 : 모든 분별 망념을 버리고 평등한 마음으로 바른
도에 수순하는 법 등이다.(『大方等大集經』 卷30 참조)

勝〕·위없이 가장 높다〔無上〕.

큰 명칭을 얻어 시방十方에 걸림 없고, 일체 하늘천신과 사람의 공경함을 받아 한량없고 그지없는 공덕을 성취한다. 그리하여 일체의 아끼는 간탐심과 파계·해치는 마음·게으름·어지러운 마음·무명을 끊고, 중생으로 하여금 많이 들음〔多聞〕을 얻게 하며, 안락하게 하기 위해 모든 괴로움을 끊고 능히 착한 업과 부처님 지혜〔佛智〕인 모든 걸림 없는 지혜〔無碍智〕·위없이 가장 높은 지혜〔無上智〕·평등한 지혜〔平等智〕·일체지一切智를 짓게 한다. 이것을 대승이라 하는 것이다.

또한 대승大乘은 사섭법四攝法으로써 바퀴〔輪〕를 삼고, 참되고 깨끗한 열 가지 선업善業으로써 바퀴살〔輻〕을 삼으며, 청정한 공덕의 자량資量으로써 속바퀴〔轂〕를 삼는다.

굳고 지순至純한 것으로써 바퀴를 연결하는 못을 삼고, 모든 선정·해탈 삼매를 잘 성취하는 것으로써 멍에를 삼으며, 사무량심四無量心으로써 잘 고르는 것을 삼는다.

선지식善知識으로써 마부를 삼고, 때와 때 아닌 것으로써 발동을 삼으며, 덧없고〔無常〕·괴롭고〔苦〕·공空하고·나 없음〔無我〕의 법음으로써 채찍을 삼고, 칠각七覺의 보배끈으로써 고들개줄을 삼으며, 깨끗한 오근五根[40]으로써 새끼띠

를 삼고, 넓고 곧은 대비심으로써 깃술이 달린 깃발〔旗〕을
삼는다.

　사정근四正勤으로써 그물을 삼고, 사념처四念處로써 편안
하게 자세를 잡으며, 사신족四神足[41]으로써 빨리 나아간다.
뛰어난 오력五力[42]으로써 적의 진지陣地를 관찰하고, 팔정도
八正道로써 곧게 나아가며, 온갖 중생들에게 장애 없는 지혜
의 밝음으로써 크게 탁월함〔軒〕을 삼는다.

　끊임없는 육바라밀(보시·지계·인욕·정진·선정·지혜)로
써 일체지혜〔薩婆若〕에 회향하고, 걸림 없는 네 가지 진리〔四

---

40 오근五根 : 발심하여 보리심의 종자를 심었더라도 씨앗에서 뿌리가
　　나와야 원숙한 보리수 나무로 성장할 수 있듯이, 수행을 완성하기
　　위해서는 반드시 5뿌리가 갖춰져야 한다. 그 5뿌리[五根]는 ①신
　　근信根 ②정진근精進根 ③염근念根 ④정근定根 ⑤혜근慧根 등이다.
41 사신족四神足 : 삼십칠도품三十七道品 가운데 사선근四善根의 정위
　　頂位에서 닦으며, '사여의족四如意足'이라고도 한다. ①욕여의족欲
　　如意足 ②정진여의족精進如意足 ③심여의족(心如意足, 念如意足)
　　④사유여의족(思惟如意足, 慧如意足) 등이다.
42 오력五力 : 오근五根을 닦아 나아가면, 능히 번뇌를 깨뜨리고 중생을
　　제도하며 무생법인을 얻는다. 즉 오근五根을 닦아 나아가면 악惡을
　　무너뜨릴 수 있는 힘이 생기므로, 이를 오력五力이라 부른다. 오력五
　　力은 ①신력信力 ②정진력精進力 ③염력念力 ④정력定力 ⑤혜력慧
　　力 등이다.

諦]로써 저 언덕〔彼岸 : 열반의 경지〕에 이르는 것을 대승이라한다.

대승大乘은 모든 부처님들이 받으신 것이며, 성문·벽지불이 관觀하는 것이고, 모든 보살들이 타는 것이다. 제석천왕·범천왕·호세護世왕들이 마땅히 경례할 뿐만 아니라, 온갖 중생들이 공양하는 것이다. 슬기로운 이가 찬탄하는 것이고, 일체 세간이 귀의하여 나아가는 것이다. 어떤 원수나 미운 자도 깔보거나 헐뜯을 수 없고, 모든 악마들도 파괴할 수 없다. 또한 어떤 외도도 헤아리지 못하며, 모든 세간의 지혜로는 함께 경쟁할 수가 없도다.

대승은 가장 뛰어나서 능히 방해할 것이 없고 모든 현성賢聖들이 수호하나니, 원력에 따라 일체 모든 부처님 세계에 이르게 하기 때문이다. 또 굳센 뜻으로 물러나지 않으며, 견고하여 게으르거나 늘어지지 않기 때문이다. 큰 명칭으로 능히 법문을 내며, 바르게 머물러서 기울거나 흔들리지 않기 때문이다. 대승은 뭇 일을 갖추어서 능히 온갖 소원을 만족하게 하기 때문이다.”

··· 『대방등대집경』 권6 「보녀품寶女品」,

권17 「허공장虛空藏보살품」 중 ···

팔정도 八正道

깨끗한 행〔梵行〕이란 보살의 여덟 가지 바른 길〔八正道〕을 말한다. 무엇을 팔정도八正道, 곧 8가지 바른 길이라 하는가?

첫째 정견(正見 : 바른 소견)이요,

둘째 정사(正思 : 바른 생각)이며,

셋째 정어(正語 : 바른 말)이고,

넷째 정업(正業 : 바른 행동)이며,

다섯째 정명(正命 : 바른 생활)이고,

여섯째 정진(正進 : 바른 정진)이며,

일곱째 정념(正念 : 바른 기억)이고,

여덟째 정정(正定 : 바른 선정)이다.

(1) 정견(正見 : 바른 소견)

여러 법을 평등하게 보는 것을 바른 소견〔正見〕이라고 한다.

나·중생·수명·양육·사부·있다·없다·착하다·나쁘다·희
다·검다·모나다·둥글다·생사·열반 등등 두 가지 모양의
소견을 일으키지 않아야 한다. 여러 법으로 보지 않는 것을
바른 소견[正見]이라 하는 것이다.

바른 소견이란 여러 법을 보고도 보지 않음을 말한다.
보지 않는 소견을 바른 소견[正]이라 하나니, 법대로 머무
는 것이다. 즉 법성에 머물면서 중생의 성품에 분별을 내지
아니하며, 중생의 성품과 법의 성품과 공空의 성품이 다
평등하다고 관하는 것이다. 나지 않고 멸하지 않는 법을
보고, 보리도를 닦아 그 마음이 물러나지 않는 것이다.

(2) 정사(正思 : 바른 생각)
대저 생각한다는 것은 뒤바뀐 것이다. 욕심·교만·성냄·어
리석음 등의 모든 번뇌로 짓는 생각은 바른 생각[正思]이
아니다. 바른 생각이란 잘못된 생각이 없는 것을 말한다.

온갖 법을 버리어 평등히 하는 것이며, 계를 잘 보호하며,
매 맞고 꾸중 듣더라도 갚지 않는 것이다. 몸과 마음을 청정히
하고 선지식을 공양하여 친근히 하는 것이다. 나쁜 마음을
멀리 여의고, 지심으로 보리심을 생각하여 선법善法을 더욱
키우는 것이다.

(3) 정어(正語 : 바른 말)

바른 말이란 다른 사람의 마음을 손상시키지 않고, 착하고 좋은 말을 성취하여 바른 도에 나아가는 것을 말한다.

사람을 가르쳐 부모·스승·늙은 사람·덕 있는 사람을 공양하게 하고, 보리菩提에 나아가게 하는 말이다.

바른 말이란 입으로 하는 말이 스스로를 초조하게 하거나 괴롭게 하지 않고, 다른 사람들을 초조하게 하지도 않는 것이다. 스스로를 교만하게 하지 않고, 다른 사람들을 교만하게 하지도 않으며, 스스로 속이거나 욕되게 하지 않고, 다른 사람들을 속이거나 욕되게 하지도 않는 것이다.

일체법이 모두 평등하다고 말하면서, 유위有爲의 차별상을 잘 능히 분별하여 말한다. 또한 일체법은 괴롭고〔苦〕·덧없고〔無常〕·나 없고〔無我〕·열반적정涅槃寂靜한 것이니, 모든 것을 열반[43]의 형상과 같이 평등하게 관찰하고 말한다.

(4) 정업(正業 : 바른 행동)

업業은 더러운 업이 있고 깨끗한 업이 있으며, 더럽지도 않고 깨끗하지도 않은 업〔無記業〕이 있다. 더러운 업은 더러

---

43 열반涅槃 : 찌꺼기와 같은 번뇌를 다 태워 없애고서, 아무것도 없는 청정하고 고요한 본래 깨달음의 상태를 말함.

운 갚음이 있고, 깨끗한 업은 깨끗한 갚음이 있다. 더러운 업은 짓지 말아야 하고, 깨끗한 업은 반드시 지어야 한다.

몸이 없으면 몸의 업이 없으며, 입이 없으면 입의 업이 없고, 뜻이 없으면 뜻의 업이 없다. 왜냐하면 업이 활동하는 곳이 없기 때문이다.

만일 업이 활동하는 곳이 있으면 '나'와 '내 것'이 있지만, 나와 내 것이 없으면 업과業果[44]도 없는 것이다. 이렇게 관찰하는 것을 정업正業이라 한다.

(5) 정명(正命 : 바른 생활)

바른 생활[正命]이란 자기 몸과 다른 사람의 몸을 방해하지 않고, 온갖 나쁜 번뇌를 더하지 않고 나쁜 업으로 살지 않는 것이다.

몸·입·뜻 삼업三業의 깨끗한 업과를 알아서, 모든 중생을 괴롭히거나 해치지 말아야 한다. 남의 것을 도둑질하거나 부녀자를 삿되게 보지 말아야 한다. 처음부터 두 가지 말을 하지 말고, 속이는 일을 하지 말고, 나쁘게 말하지 말아야 한다. 질투하지 말고, 성내거나 미워하는 마음을 버려야

---

44 업과業果 : 행동으로 인한 결과를 말한다. 업보業報라고도 말함.

한다. 욕심을 적게 하고 만족할 줄 알아야 한다.

삼보(三寶 : 불·법·승)를 깊이 믿고 가르침에 따르며, 위의와 예절을 굳게 지키고 성실해야 한다. 모든 간사함과 아첨에 움직이거나 흔들리지 말아야 한다.

남의 잘못을 생각하지 말고, 마음으로도 남을 해치지 말아야 한다. 교만하지 말고 항상 겸손하며, 얼굴은 항상 온화하고 말은 항상 부드럽게 해야 한다.

이렇게 세간의 모든 행을 바르게 하고, 나[我]와 내 것[我所]이 없음을 관하여 평등히 하는 것을 바른 생활[正命]이라 한다.

(6) 정진(正進 : 바른 정진, 노력)

정진精進이란 부지런히 방편을 지어서 여러 가지 좋은 법을 구하되, 마음으로 그만두려고 하지 않을 뿐만 아니라 싫어하거나 후회하는 생각이 조금도 있지 않는 것이다.

그리고 바른 정진[正精進]이란 뒤바뀐 다른 생각 없이, 이것저것 여러 잡다하게 하는 것을 끊는 것이다.

모든 법의 평등한 성품을 추구하면서 동시에 법의 평등함이나 평등하지 아니함, 조작 아님이거나 조작 아님도 아닌 것을 탓하지 아니하고, 법성法性과 같이 실다운 성품을 밝게 요달하여 아는 것이다.

성냄·탐욕·어리석음의 번뇌를 여의고 그 마음을 고요히 하여, 성인의 도道에 나아가 바른 길에 들어서는 것이며, 바른 법〔正法〕을 널리 연설하여 모든 중생들로 하여금 삿된 정진을 여의게 하고, 또 중생들이 수행하는 바를 아는 것이다. 그렇게 되도록 꾸준히 나아가는 것이다.

(7) 정념(正念 : 바른 기억)

일체법은 모두 평등하여서 허공같다고 기억하는 것이니, 짧고 길고 둥글고 모질고 좋고 나쁜 여러 각각의 모든 법이 허공과 같이 평등하다는 것을 잊어버리지 않는 것을 바른 기억〔正念〕이라 한다.

또한 바른 기억이란 보시·지계·인욕·정진·선정·지혜와 사무량심四無量心을 기억하는 것이다. 모든 번뇌를 거두어 망령되이 일어나지 않게 하여, 온갖 악마의 업을 가까이 하지 않고 나쁜 마음을 일으키지 않는 것이다. 항상 모든 바르고 착한 법을 닦아 멀리 일체 사악한 법을 여의는 것이다.

(8) 정정(正定 : 바른 선정)

일체의 모든 법은 모두 평등하여 '나〔我〕'와 '내 것〔我所〕'이
없다. 이와 같이 평등하게 관觀하는 것을 바른 선정이라
한다.

어떤 것이 평등한 마음인가?

마음이 높지도 낮지도 않으며, 구함도 구하지 않음도 없
고, 조작도 조작 아닌 것도 없으며, 분별도 분별 아님도
없고, 행함도 행하지 않음도 없다. 어둠도 밝음도 없고,
아는 것도 알지 못하는 것도 없으며, 생각나는 것도 생각나지
않는 것도 없다.

닦음도 닦지 않는 것도 없어서, 마음의 온갖 경계를 반연하
지 않는 것을 평등한 마음이라 한다. 이와 같이 두 가지
차별법을 여의고, 선정을 닦는 것을 바른 선정〔正定〕이라
하는 것이다.

일체 모든 법이 다 평등하다고 관觀하며, 내가 깨끗하므로
온갖 것도 또한 깨끗하고, 내가 공空하므로 온갖 것이 다
공空하다고 관한다.

비록 이렇게 관한다 하더라도 성문의 정위正位[45]에는 들지

---

45 정위正位 : 성문이 증득하는 소승의 열반을 가리킴.

않나니, 이것이 바로 보살의 바른 선정〔正定〕이다. 보살마하
살은 이 선정 속에서 한 찰나에 일체지一切智를 증득하는
것이다.

…『대방등대집경』권7「불현不眴보살품」

권12「무언無言보살품」

권26「보계寶髻보살품」중 …

육바라밀 六波羅蜜

바라밀pāramitā이란 나고 죽는 이 세상에서 생사生死가 없는 부처님 나라로 가는 지혜로운 방법을 말하는데, 여섯 가지 바라밀이 있어 6바라밀이라 한다.

첫째, 보시布施바라밀

둘째, 지계持戒바라밀

셋째, 인욕忍辱바라밀

넷째, 정진精進바라밀

다섯째, 선정禪定바라밀

여섯째, 지혜智慧바라밀이다.

(1) 보시布施바라밀

보시布施란 베푸는 것이니, 여기에 재시財施와 법시法施가 있다.

먹을 것을 찾는 자에게 먹을 것을 주고, 마실 것을 찾는
자에게 마실 것을 주며, 옷을 구하는 자에게 옷을 주고,
음악을 원하는 자에게 음악을 베풀어주며, 향을 구하는 자에
게 향을 주고, 꽃 목걸이를 바라는 자에게 꽃 목걸이를 주고,
병든 자에게 약을 주어 아픈 사람을 치료해 주고, 의지할
곳 없는 자에게 의지할 곳을 베풀어주며, 앉을 자리를 찾는
자에게 앉을 자리를 주는 것이다.

또한 금이나 은이나 보배를 갖고 싶어하는 자에게 금이나
은이나 보배를 주어서 갖고 싶어하는 것을 베풀어주는 것을
말하니, 이는 재시財施에 해당한다.

법시法施란 어떤 것인가?

진실한 말로써 사람을 가르쳐 부모·스승·나이든 사람·덕
있는 사람을 공양하게 하고, 보리와 보리도를 찬탄하여 그들
로 하여금 보리심을 내어 보리의 법을 닦게 하는 것이다.

은혜를 갚을 줄 알게 하고 고요함을 즐기도록 하며, 부지런
히 십선十善[46]을 행하도록 권하는 것이다.

일체의 선한 법을 베풀어 게으름을 제거하고, 참음을 닦아

---

46 십선十善 : ①살생 ②도둑질 ③음행 ④거짓말 ⑤꾸미는 말 ⑥이간
질하는 말 ⑦욕설 ⑧탐욕 ⑨성냄 ⑩어리석음의 사견邪見 등을
여의고 하지 않는 것을 말함.

청정한 선정·지혜·방편을 닦으며, 사무량심(四無量心 : 자·비·희·사)을 닦아 나가도록 하게 한다.

육바라밀과 팔정도를 잘 알고 행하도록 하며, 깊고 깊은 십이인연十二因緣을 해설하여 알게 해준다.

모든 감관[根]의 성품이 공空하여 십팔계十八界[47]가 모두 허공 같음을 말하여 주고, 일체의 모든 중생에게 그 마음을 평등히 하도록 한다.

남의 잘못을 생각하지 않으며 마음으로도 해치는 생각을 하지 않도록 사념처四念處를 닦고, 사섭법四攝法을 잘 알아서 바른 법을 사모하고 항상 정진에 부지런하도록 권한다. 이것이 법시法施이니, 실로 부富와 복福은 보시布施에서 오는 것이다.

(2) 지계持戒바라밀

지계持戒란 계율戒律을 잘 가지고 지킨다는 뜻이다.

중생들은 탐욕으로 인한 번뇌가 많다. 얽매임이 무겁고 교만이 많다. 거짓말도 잘하고 욕설로 나쁜 말도 잘한다. 진실한 말을 멀리 여읜 것이다.

---

47 십팔계(十八界 : 六根·六境·六識)의 18가지 중생의 분별 인식작용의 범주.

어리석으면서 지혜로운 모양을 나타내고, 인색하면서 베풀는 척하며, 탐욕과 아첨으로 굽으면서도 정직한 모양을 나타낸다.

마음이 흐리면서 깨끗한 모양을 나타내고, 이간시키기를 좋아하면서 화합하는 모양을 드러내는 척한다.

삿된 소견을 많이 일으키면서 소견이 바른 척하고, 성내기를 잘하면서 잘 참는 척한다.

만약 성인聖人이 아닌 범부나 용렬한 사람이 이같이 거칠고 잘난 체 하면서 어긋나는 일을 하면, 목숨이 다하면서 바로 지옥으로 떨어지게 된다.

보살이 지켜야 할 계戒는 모든 중생을 괴롭히거나 해치지 말고, 다른 사람의 재물을 도둑질하지 말며, 다른 사람의 부녀자를 삿되게 보지 말고 자기 권속에 만족할 줄 알아야 한다. 거짓말이나 꾸미는 말을 하지 말고, 이간질하는 말을 하지 않으며, 욕설이나 저주하는 악담을 하지 않아야 한다. 착하고 너그럽고 따뜻하게 대하며, 성내거나 미워하지 말고, 다른 사람의 좋은 일을 탐내거나 질투하지 않아야 한다. 차라리 목숨을 버릴지언정 끝까지 계를 헐지 않으며 항상 보리심을 원해야 한다.

※

부처님께서 말씀하셨다.

"보살이 만약에 할 일을 일으키고 바르게 행하면, 모든 업이 다 여래의 허락하는 바가 되어 지혜로운 이의 찬탄하는 바가 될 것이다. 그 업이란, 몸과 입과 뜻의 업이다. 이 업을 잘 행함으로써 모든 부처님과 현성과 선지식을 기쁘게 하고, 지은 모든 업도 비웃음이나 헐뜯음을 받지 않는다. 뉘우치거나 어리석음을 일으키지 않고, 움직이거나 물러나지 않으리니, 모든 업이 다 좋고 상서로우리라.

욕심을 여의고 적정(寂靜 : 마음이 고요한 상태)하여라. 삼보(三寶 : 불·법·승)를 믿어 공경·공양하고 금계(禁戒 : 금하는 계)를 굳게 지켜 범하지 말고, 선지식에 친근하고 악지식을 멀리 여의라.

계율을 지니되 교만을 내지 말고, 계율을 헐뜯는 자를 보더라도 마음으로 가벼이 여겨 깔보지 않으며, 계율 지키는 자를 보고는 마음에 질투하지 말아야 한다.

보살은 몸뚱이를 거울 속의 형상形像 같다고 알고, 소리는 메아리 같으며 마음은 눈홀림 같고 모든 법은 허공 같다고 알아서, 지계持戒를 닦되 허공과 같이 해야 한다.

보리菩提의 마음을 잊지 않고 계율을 옹호하며, 끝까지 이승(二乘 : 성문승·벽지불승)을 구하지 않아야 한다. 계율을 지키는 데 있어 한계를 두지 아니하며, 본래의 서원誓願을 버리지 않고 계율을 옹호하라.

모든 감관을 잘 거둬서 번뇌를 없애기 위해 계율戒律를 옹호해야 한다. 또한 구求하는 마음 없이 계율을 옹호하고, 깨끗한 마음으로 계율을 지니도록 하라.

계율을 지니되 변함이 없어야 한다.

허공은 높거나 낮음이 없는 것과 같이, 계율을 지니는데 있어서도 허공처럼 높고 낮은 차별 없이 해야 한다.

마치 물속에 비친 달에 지계持戒와 파계破戒가 없는 것처럼, 보살도 일체 모든 법이 달그림자와 같음을 알아서 계율을 지키되, 지킴도 범함도 없음을 밝게 알고 허공처럼 닦아야 한다.”

※

부처님을 깊이 믿는 것은 마음이 혼탁하지 않기 때문이며, 법을 믿고 수순하는 것은 법을 잘 관찰하기 때문이다. 그리고 스님을 믿고 공경하는 것은 성인들을 존중하기 때문이다. 엎드려 절하는 것은 부처님을 생각하고 법을 생각하며, 스님을 높여 공경하기 때문이다.

계율을 군건하게 잘 지키는 것은 모든 감관을 막아 방위하기 때문이며, 만족할 줄 아는 계는 만족하지 않음이 없는 것이다. 위의를 갖추는 계는 모든 선근이 자재함을 얻고, 말한 대로 실행하는 계는 하늘천신들과 사람들이 전부 환희한다.

인자한 마음[慈心]의 계는 중생을 옹호하며, 가엾이 여기는 마음[悲心]의 계는 능히 모든 괴로움을 참게 하고, 기뻐하는 마음[喜心]의 계는 마음이 게으르지 않게 하며, 버리는 마음[捨心]의 계는 사랑과 미움을 여의게 한다.

은혜롭게 보시하는 계는 중생을 교화하며, 인욕의 계는 마음에 성냄과 거리낌이 없게 하고, 정진의 계는 물러나지 않게 하며, 선정의 계는 모든 선禪의 가지를 기르고, 지혜의 계는 많이 듣는 선근으로 염증내지 않게 하며, 많이 듣는 다문多聞의 계는 널리 배워 확실하고 분명하게 한다.

선지식을 친근히 하는 계는 보리菩提를 이루는데 도움이 되고, 악지식을 멀리 하는 계는 나쁜 도를 멀리 벗어나게 하며, 들뜨지 않는 계는 모든 욕망을 멀리 여의게 하고, 부처님의 삼매에 드는 계는 일체 모든 불법을 원만히 구족하게 한다.

그릇된 생활〔邪命〕은 하지 말아야 하고, 마음은 온화하고 말씨는 부드러워야 한다.

청정한 계율은 마음이 깨끗하여서 더러움이 없고, 알음알이에 머물지 않고 생각에 친근하지 않는다.

청정한 계율은 탐냄과 성냄과 어리석음에 머물지 않고, 선근善根에 집착하지 않으며, 남의 단점을 말하지 않고 자신의 허물을 살핀다.

지계持戒를 함으로써 천상天上이나 정토淨土에 태어나게 되는 것이다.

(3) 인욕忍辱바라밀

인욕忍辱이란 참음을 말한다.

거칠고 어긋나고 교만하면 성품이 사나워진다.

성내는 까닭에 한량없는 나쁜 업을 드러내게 된다.

이 인연으로써 목숨이 다하면 헤매다가 지옥으로 떨어지게 되는 것이다.

성냄을 일으킨 까닭으로 지옥고地獄苦를 받다가, 지옥에서 벗어나게 되더라도 천하고 더러운 축생으로 태어나 성질 사나운 용 또는 아수라로 전전하게 된다.

사람 몸을 받더라도 지극히 가난하고 백정집이나 천한

집에 태어나게 되며, 감관〔根〕이 온전하지 못하여 길거나 짧거나 없거나 이중으로 있거나 혹 너무 크거나 하여 몰골이 추악하다. 또한 절름발이·곱사등이로 태어나서 좋은 복밭〔福田〕을 얻지 못하고, 갖가지 삿되고 나쁜 일 하기를 좋아한다. 이 인연으로 하여 다시 지옥·축생·아귀의 길을 되풀이하게 되는 것이다.

성내거나 싸우지 말고, 비웃고 말다툼하거나 질투하지 말아야 한다.

참음(인욕)이란 번뇌를 끊게 하고, 해치는 마음을 내지 않는다. 그래서 괴로움〔苦〕도 없고 얽매임도 없다.

싸움이 없으니 자기와 다른 사람을 옹호하며, 몸을 장엄하고 보리심에 수순한다. 입의 업이 깨끗하고 마음이 청정하다. 마음을 잘 분별하고, 모든 근심을 제거하여 번뇌의 적을 없앤다.

구태여 지나간 과거를 억상憶想[48]하여 분별하지 않으니, 다른 사람의 마음을 옹호한다.

범천의 하늘천신들 행을 닦으니 미묘한 범음梵音을 갖추게 된다. 사람이나 하늘천신의 과보를 받게 되고, 모든 불법

---

48 억상憶想 : 지난 기억을 더듬어 생각하는 것.

을 원만하게 갖출 수 있게 된다.

참음이란 욕설을 들어도 잠자코 받아들여 보복하지 않으니, 그 소리가 메아리와 같은 줄 알기 때문이다. 가책하는 자가 있어도 그대로 받아들이니, 몸뚱이가 그림자와 같은 줄 알기 때문이다. 성내는 자가 있어도 원한을 품지 아니하니, 마음이 허깨비와 같은 줄 알기 때문이다.

마음이 청정하므로 분한 일이 있더라도 되갚으려 하지 않으며, 스스로 잘난 체하지 않으므로 명예로운 말을 들어도 마음에 애착하지 않는다. 잘 알아서 분별하기에 칭찬하는 자를 보아도 움직이지 않고, 마음이 광대하므로 헐뜯는 자를 보아도 위축되지 않는다.

유위법有爲法이 무상無常함을 관하므로 즐거운 일을 당하여도 마음에 기뻐하지 않고, 중생들을 위하기에 괴로운 일을 당하여도 마음에 지치거나 싫어하지 않는다. 많은 영리榮利를 보아 이끗을 얻어도 즐거워하지 않으니, 스스로 잘 제어하기 때문이다. 손해를 입더라도 괘념치 않으니, 마음이 적멸하기 때문이다.

필경의 참음이란 서로 다툼이 없는 것이다.

만약 다른 사람이 나를 꾸짖는다고 보아서 참는다면, 이런 참음은 두 모양을 보는 것이므로 필경의 참음이 아니다. 꾸짖는 이가 없다고 해도 이런 참음은 무아無我를 관하는 것이므로, 필경의 참음이 아니다.

그러나 공적空寂에 들어서 일체 모든 견해와 더불어 화합하지 않고 공空에도 의지하지 않는다면, 모든 견해가 전부 다 공空하리니 이와 같은 참음은 두 모양이 없기에 '필경의 참음'이라 한다.

만약 번뇌를 다함에 들어서 번뇌와 더불어 화합하지 않고 번뇌 다함에도 의지하지 않는다면, 모든 번뇌가 공空하리니 이와 같은 참음은 두 모양이 없기에 '필경의 참음'이라 한다.

보살은 지혜의 힘으로써 몸과 마음을 관찰하고, 닦는 힘으로써 모든 법에 집착하지 아니하여 참음을 성취한다.

모든 법 가운데 중생이 없음을 관찰하여 참음을 닦으며, 모든 법은 그 성품이 해탈한 것이므로 참음도 없고 성냄도 없다고 관찰한다.

만약 모든 법에 집착하는 마음이 없으면 이것이 참음이니, 법신과 같이 하고 또 법계와 같이 관觀한다면 인욕바라밀행을 깨끗이 닦는다고 하는 것이다.

(4) 정진精進바라밀

정진精進이란 게으르지 않고, 정성껏 일심으로 꾸준히 나아
가는 것을 말한다.

보살마하살은 부지런히 정진하여 아뇩다라삼먁삼보리[49]
를 쉽게 얻는다.

누구든지 정진하면 곧 보시바라밀·지계바라밀·인욕바
라밀·선정바라밀·지혜바라밀을 원만히 갖추어, 스스로도
이익되고 또 남을 이익되게 한다.

부지런히 정진을 수행하는 이는 마땅히 곧 보리菩提를
지니고 있다고 알아야 한다.

부지런히 정진하되 몸은 그림자와 같다고 알아서 몸에
집착하지 말고, 말은 메아리와 같다고 알아서 말에도 집착하
지 말며, 뜻은 허깨비와 같이 분별하는 바가 없는 줄을 알아서
뜻에도 집착하지 말아야 한다. 그리하면 입의 업이 깨끗해지
고, 몸의 업이 깨끗하며, 뜻의 업도 깨끗해진다.

모든 법은 자성이 없어 인연에 따르는 것임을 알아서
희론하지 않아야 한다. 성내는 마음도 멀리 여의고 나쁜
짓을 하지 않으며, 오만하지 않고 자기를 자랑하지 말아야

---

49 위없이 가장 높고 바르며 평등한 깨달음. 무상정등정각無上正等正覺
   이라 한역漢譯.

한다. 마음이 정직하고 항상 자기 허물을 반성하며, 다른 사람의 단점을 말하지 않아야 한다.

정진에 두 가지가 있으니, 정진을 하고자 발심함과 정진을 성취함이다. 보살은 처음에 정진을 하고자 발심함으로써 온갖 착한 법을 익히고, 마침내 정진을 성취함으로써 모든 법에 자성이 없는 줄을 깨달을 수 있게 된다.

모든 좋은 법을 닦되 이만하면 족하다고 여겨 그만두려는 마음이 없으며, 항상 바른 법을 옹호하여 연설하기를 좋아하고, 중생을 위하여 심부름하되 근심하거나 후회하지 않는다.

보살이 수행修行하여 살생하지 않고, 모든 중생에게 인자한 마음과 이익되게 하려는 마음과 가엾이 여기는 마음과 도둑질·음행·망령된 말을 하지 않으면, 보살이 보시바라밀을 원만히 한 것이다.

두 가지 말을 하지 않으면 지계바라밀을 원만히 한 것이고, 욕설을 하지 않으면 인욕바라밀을 원만히 한 것이며, 꾸미는 말을 하지 않으면 이것이 바로 정진바라밀을 원만하게 한 것이다.

후세의 두려움을 생각하고 모든 나쁜 마음을 여의어, 착한 법으로 늘 정진의 마음을 일으켜야 한다.

보살의 정진精進은 끝이 없다. 몸의 착한 업이거나 마음의 착한 업이거나 입의 착한 업이거나 항상 부지런하여 중지하지 않는다.

이는 모든 중생에게 대비大悲를 일으키기 때문이고, 나와 남이 없기 때문이다. 모든 중생을 거둬주기 때문이며, 깔봄이 없기 때문이다. 계戒를 지니기 때문이고, 참음을 수행하기 때문이다. 성냄과 싸움이 없기 때문이며, 마음이 청정하기 때문이다. 홀로 난잡하지 않기 때문이고, 잘 생각하기 때문이며, 많이 들어도 싫어하지 않기 때문이고, 선정을 잘 닦기 때문이다.

(5) 선정禪定바라밀

선정禪定이란 고요한 경지에서 삼매三昧[50]의 경지에 이른 상태를 말한다.

보살은 선정을 수행하되 '나'를 없이 한다. 보살은 선정을 수행하되 맛들이지 않고 집착하지 않는다. 즉 모든 음陰을 의지하지 않고 선정을 닦으며, 모든 계界를 의지하지 않고

---

50 삼매三昧 : 잡념이 없이 오직 한 가지 일에만 정신이 집중된 경지를 말함.

선정을 닦고, 모든 입入을 의지하지 않고 선정을 닦는다. 삼계三界를 의지하지 않고 선정을 닦으며, 현세나 미래 세상을 의지하지 않고 선정을 닦고, 과보에 의지하지 않고 선정을 닦는다.

허공은 모든 소견에 집착하지 않는 것처럼, 보살이 선정을 닦는 것도 모든 소견을 여의고 물들거나 집착함이 없다.

모든 중생은 번뇌가 마음을 어지럽게 하므로, 선정禪定의 법을 닦아서 평등한 마음에 머물도록 해야 한다.

마음과 행이 평등하고, 성품도 모양도 평등하면 모든 법이 평등하다.

평등한 선정은 공空과 같고, 공空과 같으면 중생이 평등하다. 중생이 평등하면 모든 법이 평등하니, 이것을 선정이라 한다.

평등한 마음으로 선정을 닦으므로 평등한 마음 아닌 것이 없다. 평등한 마음이란 마음이 높지도 않고 낮지도 않으며, 구함도 없고 구하지 않음도 없으며, 조작도 조작 아님도 없고, 분별도 분별 아닌 것도 없으며, 행하거나 행하지 않음도 없고, 취하거나 버림도 없고, 어둠도 밝음도 없다. 아는 것도 알지 못하는 것도 없으며, 같은 것도 다른 것도 없고, 둘도 없고 둘 아닌 것도 없으며, 움직이는 것도 움직이지

않는 것도 없다. 가는 것도 가지 않는 것도 없으며, 닦음도
닦지 아니함도 없어서, 마음으로 일체 모든 경계를 반연하지
않는 것이다.

마음이 평등함으로써 색色을 취하지 않고, 눈眼과 색色의
두 가지 법을 떠나 선정을 닦는다. 소리〔聲〕와 냄새〔香〕와
맛〔味〕과 감촉〔觸〕과 법法을 취하지 않으며, 그 두 가지
법을 떠나 선정을 닦는다.

이 평등한 마음에 머물면, 마음이 허공 같아서 높거나
낮음이 없고, 흔들리거나 구르지 않는다. 행동하는 위의가
항상 안정되어 성품이 자재롭고, 두려움이 없고 묵묵히 말이
없으며, 이치를 알고 법을 알며, 때와 때 아님을 알아서
번뇌가 없다. 세간을 따라다녀도 세간에 섞이지 않고, 시끄
러움을 버리고 홀로 거처하기를 즐긴다.

보살은 방편과 지혜로 선바라밀에 드는데, 선정에 들 때에
대비심을 내어서 모든 중생을 위하니 이를 '방편'이라 한다.
그리고 그 마음이 깊이 고요함으로 이를 '지혜'라 한다.

마음을 받아가짐이 금강 같으며, 법성法性을 분별하지
않는다. 보리심을 탐내지 않으며, 보리심에 애착하지 않고,
보리심을 관찰하지 않는다.

모든 법에 나 없음〔無我〕을 생각하고, 모양 없음〔無相〕과

바램 없음[無願]과 조작 없음[無作]을 생각한다.

선근善根의 성품을 생각하되 머무름이 없으며, 모든 불세계佛世界를 두루 관찰하되 모든 불세계를 허공과 같이 보고 보리菩提로써 도량을 장엄한다.

보살이 선정바라밀에 머물면 곧 한량없는 백천 가지 삼매三昧에 자재로움을 얻을 수 있다. 부처님의 법그릇[法器]을 얻음으로써, 모든 마魔를 파괴할 수 있는 것이다.

(6) 지혜智慧바라밀

지혜智慧란 대비大悲가 근본이 되고, 슬기롭게 사리事理를 꿰뚫어보는 능력을 말한다.

이 지혜는 다른 어디로부터 얻어지는 것이 아니니, 스스로 증득하고 알아서 성품과 같이 행하기 때문이다.

온갖 문자文字나 글귀[句]의 이치는 마치 메아리와 같아서, 모든 말과 음성의 응함에 따라 대답하는 변재辯才가 끊이지 않지만, 또한 문자와 언어에 집착하지 않는다.

보살은 이와 같은 온갖 언어 가운데 잘 답변하되, 모든 음성이나 언어가 메아리 같아 풀이할 수 없음을 알고 집착하지 않으며 또 희론戲論하지 않는다.

집착執着을 여의고 보시布施를 행하되 널리 중생의 성품을 바로 알고, 마침내 거리끼는 마음이 없으며 또 분별하지도 않는다.

내가 깨끗함으로 보시가 깨끗하고, 보시가 깨끗함으로 서원이 깨끗하며, 서원이 깨끗함으로 보리가 깨끗하다.

도道가 깨끗하니 온갖 것이 깨끗하여 나와 내 것이란 생각이 없고, 남과 나〔彼我〕의 모양을 버려서 질투심도 버리고 갚음도 바라지 않는다.

몸은 거울 속 모습 같다 알고 음성은 메아리 같으며, 마음은 허깨비 같고 법 성품은 허공 같은 줄 알아서 모든 소견을 멀리 여읜다.

허공의 성품이 언제나 고요한 것처럼 보살이 지혜를 닦아 고요함을 보는 것도 그와 같으며, 허공의 성품이 무아無我인 것처럼 보살이 지혜를 닦아 무아無我를 분명히 아는 것도 그와 같다. 잘 공空에 들되 게으르지 않으며, 잘 무상無相에 들되 없애지 않고, 잘 무원無願에 들되 버리지 않는다.

지혜란 바로 고요함이라는 글귀의 뜻이니 조금의 깨달음도 없기 때문이며, 속이지 않음이라는 글귀의 뜻이니 다른 것이 없기 때문이다. 분명히 통달함이라는 글귀의 뜻이니

한 가지 모양〔一相〕에 들어가기 때문이고, 만족이라는 글귀의 뜻이니 더 얻을 것이 없기 때문이며, 으뜸되기가 제일第一이라는 글귀의 뜻이니 얻을 바가 없기 때문이다.

평등이라는 글귀의 뜻이니 높고 낮음이 없기 때문이고, 무위無爲라는 글귀의 뜻이니 생멸을 여의었기 때문이며, 아무것도 소유하지 않음〔無所有〕이라는 글귀의 뜻이니 진실로 청정하기 때문이다.

높고 낮음에도 머물지 않으며, 세간법과 이익되고 쇠퇴함에도 머물지 않는다. 법은 어느 쪽에나 머무름이 없어서 어디 중간에도 머물지 않나니, 모든 법의 성품에 머무는 곳이 없다면 이것이 위없이 가장 높은 지혜이다.

글자도 없고 닦음도 없으며 모양 없고 성품도 없어서, 취하고 버리는 두 가지 차별 모양이 없으면 이것이 위없이 가장 높은 지혜이다.

··· 『대방등대집경』 권9 「해혜海慧보살품」

권14 「허공장虛空藏보살품」

권25 「보계寶髻보살품」

권27 「무진의無盡意보살품」

권54 「인욕품忍辱品」 중 ···

※

부처님께서 말씀하셨다.

"아뇩다라삼먁삼보리를 깊이 증득하고자 하는 보살마하
살은 마땅히 선지식을 친근히 공경하고 공양해야 한다."

수보리가 부처님께 여쭈었다.

"세존이시여, 무엇이 보살마하살의 선지식입니까?"

부처님께서 수보리에게 대답하셨다.

"모든 부처님이 보살마하살의 선지식이며, 모든 보살마하
살도 또한 보살의 선지식이다. 육바라밀도 보살의 선지식이
고, 사념처와 십팔불공법[51]도 역시 보살의 선지식이다.

육바라밀은 보살의 세존이며, 보살마하살의 도道이고 횃
불이며, 보살의 큰 밝음이며 구제자이며 귀의할 곳이며,
가장 높은 진리이고 지智이며 혜慧이며 구경도究竟道이고
아버지이고 어머니이다.

사념처四念處와 일체종지一切種智[52]도 마찬가지로 보살의
세존이며 선지식이고, 가장 높은 진리이고 아버지이고 어머

---

51 십팔불공법十八不共法 : 성문이나 연각의 이승이나 보살들은 공유하
지 못하는 부처님께만 있는 18가지 공덕.

52 일체종지一切種智 : 일체 만법의 낱낱 차별상을 빠짐없이 정밀하게
아는 부처님의 지혜.

니이다.

왜냐하면 육바라밀과 삼십칠조도법三十七助道法[53]은 과거 모든 부처님의 부모이고, 또한 미래와 현재 시방제불의 부모이기 때문이다. 그 이유는 육바라밀과 삼십칠조도법三十七助道法을 통해서, 과거와 미래와 현재의 모든 부처님이 태어나기 때문이다."

… 『마하반야바라밀경』 권18 「몽서품夢誓品」 중 …

---

53 삼십칠조도법三十七助道法 : 열반을 체득하기 위해 닦는 37가지 도행道行. 삼십칠도품三十七道品이라고도 하는데, 4념처 · 4정근 · 4여의족(4신족) · 5근 · 5력 · 7각분 · 8정도 등이 여기에 해당된다.

사념처 四念處

사념처四念處란 보살이 네 가지에 대해 생각〔念〕두는 곳〔處〕
을 말한다.

　사념처에는 첫째 신념처身念處, 둘째 수념처受念處, 셋째
심념처心念處, 넷째 법념처法念處가 있다.

(1) 신념처身念處

신념처는 보살이 몸을 관찰하고 몸을 닦는 행이다. 과거와
미래·현재 세상의 몸의 뒤바뀜과 화합됨을 보는 것이다.
마치 바깥의 풀과 나무와 담이나 벽·기와·돌이 인연을 따라
있으므로 자라날 수 없기도 하고 얽매임이 없기도 하는
것처럼, 이 몸도 인연을 따라 생기므로 자라날 수 없기도
하고 얽매임이 없기도 한다.

　이 오음五陰과 십팔계十八界와 십이입十二入 가운데는 '나'

와 '내 것'이 공하며, 상常도 무상無常도 공하다. 이 몸은
견고하지 아니하여 의지할 수도 믿을 수도 없다.

이 몸은 깨끗하지 못하여 냄새와 더러움이 가득하며, 덧없
고 머무름이 없어서 모든 범부 중생들을 속인다고 관찰한다.

청정한 계에 일심으로 머물러 정진하며, 몸의 다섯 가지
부정함을 관찰해야 한다.

첫째, 태어나는 곳이 부정하다.

둘째, 종자가 부정하다.

망상과 삿된 생각의 바람이 음욕의 불길에 닿아, 전생의
업과 행의 인연으로 된 식識의 종자가 붉은 정[赤精]과 흰
정[白精] 사이에 머무르니 이 몸의 종자는 더러운 것이다.

셋째, 제 성품이 부정하다.

발에서부터 정수리에 이르기까지 얇은 가죽에 덮이어
온갖 더러운 것이 쌓여 있다. 의복을 장식하고 목욕시켜
꽃을 얹고 향을 바르며, 맛난 음식을 먹여 보살피더라도
하루 밤새 똥으로 변하고 만다.

넷째, 제 모습이 부정하다.

이 몸의 아홉 구멍에서는 항상 더러운 것이 흘러내리니,
눈에서는 눈곱과 눈물이 흐른다. 귀에서는 귀지가 나오고,
코에서는 콧물이 흐르며, 입에서는 침이 흐르고, 대소변도

에서는 항상 똥오줌이 흘러나오며, 여러 털구멍에서는 땀이 흘러 더럽다. 갖가지 더러운 물건이 몸 안에 가득하여 항상 쉬지 않고 흘러나오니, 마치 새는 주머니에 물건을 담은 듯하다.

다섯째, 죽어서까지 부정하다.

이 몸을 불에 던지면 재가 되고, 벌레가 먹으면 똥이 되며 땅에 묻으면 썩어서 흙이 된다. 물에 두면 불어터지고 혹은 물고기에게 먹힌다. 모든 시체 가운데 사람의 시체가 가장 부정하다. 살았을 때나 죽은 뒤에나 모두가 더러운 것이다.

중생은 몸에 대한 애착이 크다. 몸은 대하는 것을 갖고 싶어 하고, 눈이 보고자 하는 것·귀가 듣고자 하는 것·입이 먹고자 하는 것을 모두 다 갖고 싶어 한다. 이 욕망은 괴로움 을 더하고, 번뇌를 일으키어 죄를 범하게 되는 것이다.

중생은 그 몸이 깨끗하다고 떠받든다. 내 얼굴, 내 눈, 내 코, 내 살, 내 몸 한다. 이것을 거꾸로 본다〔顚倒〕고 말한다.

몸은 깨끗하지 못한 것이다. 몸은 마치 피와 뼈와 고름을 싸놓은 주머니와 같다. 내장에는 음식물이 늘 썩고 있어 대소변을 만들어 내고 있다.

마땅히 자기 몸을 떠나서 어떤 시체[死屍]를 관찰해 보라. 그 시체는 푸른 빛깔에서 허물어지거나, 붉은 빛깔에서 부풀어지고 흩어진다. 그 뼈는 희기가 조개[貝]와 같다가 모래[砂] 부는 바람에 흐트러지듯 모두 사라지는 것이다. 그래서 육신은 덧없고 깨끗하지도 못하다. 즉 이 몸은 나도 없고, 내 것도 없다고 하는 것이다.

자기의 몸에 두 종류가 있으니, 몸 안의 더러움과 몸 밖의 피부가죽·털·손톱·발톱·머리카락의 더러움이다. 죽은 시체가 부풀어 터진 것을 보면, 그 모습을 취하여 자신을 관찰하되 자기 몸도 그렇게 된다고 생각해야 한다.

그리고 어여쁜 여인을 보고 마음이 끌리면, 즉시에 그 몸이 더러운 것임을 생각해야 한다. 이 몸은 무상無常하여 오래되면 반드시 무너진다.

몸에는 세 가지 행이 따른다. 몸과 입과 뜻의 세 가지다. 이것을 삼행三行이라 하고 삼업三業이라 하는데, 삼행三行이 깨끗해야 깨끗한 몸의 업을 성취할 수 있는 것이다.

바른 깨달음의 보리菩提 몸을 구하여야 한다. 바른 깨달음의 보리菩提 몸이란 법신法身이니, 금강의 몸이며 파괴할 수 없는 몸이다. 굳고 견고한 몸이며 삼계를 벗어난 몸이다.

비록 내 몸에는 한량없는 허물이 있을지라도, 서원으로써 마땅히 그 허물을 제거하여 여래의 몸을 성취하도록 해야 한다.

보살마하살이 신념처身念處를 닦으면 이 몸 가운데 나〔我〕와 내 것〔我所〕을 보지 않으며, 교만을 내지 않으니 나와 내 것을 또한 여의게 된다.

온갖 재물을 구하거나 취하지 않게 되고, 구하거나 취하지 않으니 재물에 대해 싸움이 없으며, 싸움이 없으니 고요한 것이다.

고요함이란 곧 참음이니, 법대로 머무는 것이다. 법대로 머묾이란 착한 법을 행하지도 않고 나쁜 법을 행하지도 않는 것이다. 번뇌의 경계를 벗어나 언제나 선정에 들고, 한 가지 법에도 분별을 내지 않고 조작하지 않으며 변하지 않으니, 이를 진리다운 법이요 모든 법의 평등이라 한다. 이렇듯 모든 법의 평등을 얻으면 이를 일체지一切智라 한다.

'우리의 몸은 더럽고 부정하며 깨끗하지 못하다'고 관하는 것을 신념처身念處라고 한다.

(2) 수념처受念處

수념처受念處란 보살이 느낌〔受〕을 생각하고 닦는 행이다.

중생은 이 세상에 태어난 것을 가장 기쁜 것, 좋은 것으로 보고 있다. 이 생각은 거꾸로 보는 것이요, 잘못된 생각이다. 이 세상에 난 것은 괴로운[苦] 것이다.

사람의 몸은 나고[生] 늙고[老] 병들고[病] 죽는[死] 괴로움이 있다. 이별의 괴로움·좋아하는 사람과 만나지 못하는 괴로움·원수를 만나는 괴로움·구(求)해도 얻지 못하는 괴로움·굶주리는 괴로움·목마른 괴로움·피곤한 괴로움·탐욕으로 인한 괴로움·성냄으로 인한 괴로움·질투로 인한 괴로움·거짓말의 괴로움·나쁜 말의 괴로움·추운 괴로움·더운 괴로움·사나운 짐승의 괴로움·나쁜 왕(정치인)의 괴로움 등이다.

사람의 몸으로서는 이러한 괴로움을 받지 아니할 수가 없다. 느낌[受]이란 눈으로 보는 모든 모양은 빛깔을 인연하여 감촉을 내는데, 괴로움과 즐거움을 느끼게 하며 괴롭지도 않고 즐겁지도 않음을 느끼게도 한다.

귀는 소리를 인연하고, 코는 냄새를 인연하고, 몸은 감촉을, 혀는 맛을, 마음은 법을 인연한다. 괴로움이나 즐거움을, 혹은 괴롭지도 않고 즐겁지도 않음을 느끼는 이것을 '느낌[受]'이라 하는 것이다.

보살은 느낌을 관찰하고, 느낌이 모두 괴로움이라고 생각하여, 즐거움을 느낄〔樂受〕 때에도 탐욕을 내지 않는다. 괴로움을 느낄〔苦受〕 때에도 삼악도三惡道를 생각하고 관찰하여, 크게 슬퍼하는 마음을 일으켜 성내지 않는다. 괴롭지도 않고 즐겁지도 않음을 느낄〔不苦不樂受〕 때에도 어리석음을 일으키지 않는다. 뭇 느낌이 괴로움인 줄 알고 느낌을 잘 분별하여, 지혜로써 느낌의 적멸함을 헤아리기 때문이다.

탐욕은 몸과 마음을 태운다. 그래서 십악十惡을 즐거이 행하게 한다. 십악의 인연은 삼악도(지옥·아귀·축생)의 괴로움을 더 길러내는 것이다.

지옥에는 가지가지 지옥이 있다. 그 가운데 아비지옥을 살펴보건대, 몸과 입과 뜻의 업이 나쁘면 아비지옥에 태어난다. 아비지옥은 여덟 군데 큰 지옥으로, 자유가 없는 공동생활이다. 검은 노끈〔黑繩〕으로 서로 얽혀 있고 뭇 괴로움이 합쳐진 곳이다. 부르짖음이요 크게 부르짖는다. 뜨거움이요 크게 뜨겁다. 아무리 아름다운 모습을 보아도 소리·냄새·맛·감촉, 모두 다 즐거운 생각을 낼 수가 없다.

아귀는 그 길이가 한 자〔尺〕에서 혹은 사람 키 같기도 하고, 혹은 백 유순 혹은 설산雪山같이 크더라도, 병들고 굶주리고 목마르고 옷이 없어 알몸이며, 머리털은 풀어헤치고 몸은 얽어 묶였어도 부끄러움이 없다.

아귀들은 파리하고 뼈만 남아 몸에는 피와 살이 없어도, 나쁜 마음만 내고 가엾이 여기는 마음이 없다. 시원하고 청결한 기운은 맛볼 수 없고, 철장(鐵漿 : 무쇠 국물)·철초(鐵麨 : 무쇠 가루)·철환(鐵丸 : 무쇠 환)·열분(熱糞 : 뜨거운 똥)·열농(熱膿 : 뜨거운 고름)·열혈(熱血 : 뜨거운 피)·열초(熱草 : 뜨거운 풀)·열과(熱果 : 뜨거운 과일)를 먹는데 그것도 얻기가 어렵다. 천겁 만겁을 살면서 고뇌를 받고 어두운 데를 다닌다.

축생은 그 몸뚱이가 가늘고 작기가 가는 티끌의 10분의 1 같은 것이 있는가 하면, 티끌 같은 것이나 대추 같은 것에서 굵고 크기가 1유순에서 백천만 유순과 같이 큰 것도 있다.

축생의 수명은 한 찰나에서 일곱 찰나, 또는 일 겁에서 천만 겁에 이르는 것도 있다. 이 중생들은 법다운 행과 지혜와 부끄러워함과 가엾이 여기는 마음이 없다. 제각기 서로 해치는 마음을 내며 살고 있으니, 마땅히 고뇌를 받으며 겁내고 두려워한다. 모든 착한 법을 멀리 여의고서, 항상 마음이 어두운 데에 다니고 그릇된 도를 행하는 것이다.

보살은 지혜를 닦아서 온갖 느낌〔受〕을 제거하여 선근善根을 내고, 큰 자비심을 일으켜 지혜를 거둬가지며, 중생들의 온갖 느낌을 제거하기 위하여 설법해야 한다.

느낌〔受〕이란 무엇인가?

이른바 느낌을 없는 것으로 생각하여야 하나니, 필경의 즐거움이란 온갖 느낌을 끊은 것이다. 나와 남, 중생·수명·양육·범부凡夫, 눈으로 보는 모든 모양, 귀·코·혀·몸·뜻, 빛깔·소리·냄새·맛·감촉·법의 느낌을 모두 제거하여야 하는 것이다.

느낌이 괴롭다는 것은 무상無常하기 때문이니, 바로 유루有漏의 법이기 때문이다. 즉 범부들은 유루의 법에 집착하는 마음을 내기 때문이다. 유루의 법은 무상하여 잃게 되고 무너지는 까닭에 괴로움을 내고, 무루無漏의 법은 마음으로 집착할 수 없으므로 무상無常하더라도 근심·슬픔·괴로움·걱정 등을 내지 않기 때문이다.

유루의 즐거움에는 애욕 등의 번뇌가 많다. 애욕은 집착의 근본이 되는데, 그러나 진실한 지혜로는 이것을 여읠 수 있다. 그러므로 집착되지 않는다.

무루의 지혜는 항상 모두가 무상無常하다고 관찰하나니, 무상하다고 관찰하기 때문에 애욕을 비롯한 모든 번뇌를 내지 않는다.

따라서 유루에는 과보가 있고 무루에는 과보가 없다. 유루는 끊어지는 것이고 무루는 끊어지지 않는다. 유루는 있고 무루는 없다.

유루의 모든 느낌은 온 자리도 없고, 멸해도 가는 곳이 없다. 이것의 과보는 전생의 업과 인연에 속한다. 모든 느낌을 구하여도 과거에 있지 않고 미래에 있지 않으며 현재에도 있지 않으므로, 모든 느낌은 공空하고 나[我]가 없으며 내것[我所]도 없고 무상하여 무너지는 법인 줄을 알 수 있다.

이렇게 나지 않는 불생문不生門에 들게 되면, 어떤 괴로움이나 즐거움 또는 괴롭지도 않고 즐겁지도 않은 느낌이 닥쳐오더라도, 마음에 받아들이지도 않고 집착하지도 않으며 의지할 생각도 하지 않는 것이다.

이와 같이 '우리가 받아들여 감수하는 것은 모두가 괴로움이라고 바르게 아는 것'을 수념처受念處라고 한다.

(3) 심념처心念處

심념처心念處란, 보살은 마음을 어떻게 가져야 하고 어떻게 닦아가야 하는가에 대한 가르침이다.

마음은 시시각각으로 변하되 잠시도 머물지 않는다. 앞생각이 꺼지고 뒷생각이 일어나며 그 생각도 곧 꺼진다. 이렇게

하룻밤 하루 낮이 90억 찰나이고, 18천억의 생生·멸滅이
되는 것이다.

마음이 생명인데 생명을 모른다. 겉만 보고 몸뚱이가 생명
인 줄 잘못 알고 있는 것이다. 천지간天地間에 가득 차 있는
것이 생명이다. 이것이 바로 진여(眞如 : 언제나 변하지 않는
진리 그대로의 부처)이다.

진여眞如를 가리켜 진리眞理·불성佛性·법성法性·부처佛·
중도中道·실상實相·보리菩提·극락極樂·열반涅槃이라 하지
만 뜻은 모두 같다. 부처는 바로 우주의 생명이다.

불법은 심심미묘甚深微妙하고 참으로 불가사의不可思議
하다.

중생은 모양을 보고 느끼고 알기에, 모양이 없는 것은
모르는 것이다. 법계法界는 모양이 있는 것도 있고 모양이
없는 것도 있는 것이다.

우주의 모든 만물에는 모두 생명이 있고 불성佛性이 있다.
성인聖人은 우주를 보고 우주의 기氣를 보나니, 에너지를
본다. 에너지를 그대로 보는 것이 아니다. 그 자체의 생명을
보는 것이다.

우주의 기氣, 에너지의 진동에 따라서 '다이아몬드'도 되고
'금'도 되고 '은'도 된다.

물을 한번 살펴보라. 물의 본바탕도 진여요, 불성이다. 물〔水〕은 바닷물·샘물·시냇물 또는 눈물·콧물 등으로 모두 다르나 본바탕이 꼭 같다.

더운 기운을 만나면 김이 되어 올라가 구름이 되고 안개가 되고 이슬이 되고 비가 되며, 찬 기운을 만나면 서리가 되고 눈이 되고 우박도 되고 얼음도 된다.

한계가 있는 것은 내 것이 아니다. 눈을 떠서 보이는 것은 색色이라 하고, 물질이라고 한다. 색色, 곧 물질은 눈을 감으면 안 보이는 것이다. 물질의 애착 때문에 잘못 살아서 지옥도 가고 축생도 되고 하는 것이다. 본시 부처인데 잘못 알고 잘못 산 것이다.

내 몸이 '나'가 아니기 때문에 버리고 가는 것이다. 따라서 몸에 따른 권속들도 재물도 명예도 내 것이 아니기 때문에 버리고 가는 것이다.

내 것이란 무엇인가? 살아 있을 때에 지은 행行, 곧 착한 일〔善業〕·나쁜 일〔惡業〕이 내 것이 되어, 항상 그림자마냥 붙어 다니는 것이다.

근본 바탕에서 볼 때 천지天地·만물萬物은 '나'와 더불어 하나인 것이다. 모두 똑같이 하나의 생명인 것이다. 그러므로 다른 생명을 상하게 하면 '나'의 생명에도 훼손이 오는 것이다.

계율戒律은 괴롭고 험난한 중생 세계를 뛰어넘어서 부처의 길로 들어가는 문門이다. 계율은 모든 악도惡道의 문을 닫고, 인간 천상에게 열반涅槃의 바른 길을 열어주는 것이다.

계戒는 좋은 밭과 같아서 온갖 착한 싹이 솟아나고, 계戒는 신장神將과 같아서 모든 악마를 물리치고 법성法性을 수호한다.

계戒는 사람과 하늘천신의 스승이 된다. 계戒는 영락瓔珞과 같아서 법신法身을 장엄한다.

법신法身 부처님은 우주 만물에 언제 어디서나 영원히 존재하시는 부처님이다. 본래로 갖추고 있는 법신 부처님은 머리터럭부터 발끝까지 그대로가 법신인 것이다.

선남자야, 너희가 해야 할 가장 중요한 일이 무엇인가? 네가 근본에 가지고 있는 불성佛性을 찾는 일이다.

모든 법은 공空이다. '공'이라 하는 것은 비었다는 것이지만, 아무것도 없이 비었다는 것은 아니다.

그 빈 자리에 불성佛性이 있다. 그 불성(佛性 : 부처님 성품)을 찾으라는 것이다. 불성을 찾으려면 법을 알아야 한다. 부처님의 가르침을 바르게 알고 닦아야[修行] 하는 것이다.

주어진 한 세상을 손해 없이 행복하게 살려면, 부처님 법을 찬탄하고 탐구하며 부지런히 힘써 닦아야 한다. 그렇게 하기에는 사람의 삶이 너무 짧다.

인자仁慈한 마음을 가져야 한다.

만족을 알아야 한다.

이익되게 하는 마음, 공동의 마음, 기뻐하는 마음, 보시布施의 마음, 지계持戒의 마음, 인욕의 마음, 정진의 마음, 선정의 마음, 지혜의 마음, 법을 구하는 마음, 위반하지 않는 마음, 해탈을 구하는 마음을 내야 한다.

마음은 순간 찰나도 그대로 머물러 있지 않는다. 정심定心이 되어 마음이 머물게 되어야 선정이며, 선정이 못될 때는 항시 동요하는 것이다.

따라서 '우리 마음은 무상無常하여, 덧없고 허무하다'라고 관하는 것을 심념처心念處라고 한다.

(4) 법념처法念處

모든 법은 '나'가 없음을 생각하고 닦는 행이다.

이 세계는 지地·수水·화火·풍風의 사대四大로 구성되었다. 이 우주만유宇宙萬有는 근본적으로 고정固定·불변不變하는 개체란 없다.

'나'란 개체는 저 사대四大와 정신 작용을 하는 수受·상想·행行·식識이 인연을 따라 화합하여 몸과 마음을 이룬 것이요, '나' 자체는 따로 없는 것이다.

이 세계에 만물을 창조한 신아神我는 없다. 부모로부터 생기는 탐애貪愛하는 마음을 관찰해 보라. 감촉의 인연으로써 사대四大(땅·물·불·바람)가 화합하여 정기와 혈액[精血]의 두 물방울이 한 물방울로 어우러져 콩알[豆子]처럼 큰 것을 가라라歌羅羅라 한다.

이 가라라에는 세 가지 인연이 있다. 첫째 생명이고, 둘째 알음알이요, 셋째 난위煖位이다.

과거 세상 업연의 인연과 과보로서, 조작하는 이도 없고 받는 이도 없다. 처음 숨이 드나듦을 무명無明이라 하는데, 가라라 때의 기식氣息의 드나듦이 두 가지다.

이른바 어머니 기식氣息의 오르내림에 따라 7일 만에 한번 숨이 드나듦을 수명이라 한다. 이것을 풍도風道라 하고, 냄새 나거나 뭉그러지지 않는 것을 난위煖位라 하고, 이 속의 말과 뜻을 의식意識이라 한다.

가라라의 시기는 42일인데, 이 시기를 지나면 그때의 이름은 알부타頞浮陀라 하고 모양과 빛깔이 마치 작은 대추와 같다.

124

49일을 지나면 그때의 이름은 가나伽那라 하고 모양과 빛깔은 호두껍질 같으며, 56일을 지나면 그때의 이름은 살덩이〔閉尸〕라 한다. 모양과 빛깔은 마치 빈바라과頻婆羅果와 같으며, 머리·손·다리의 다섯 부분이 형성된다. 91일을 지나면 처음 창자〔腸〕의 모양이 생기고, 140일을 지나면 남자와 여자의 부분이 구별되며, 147일을 지나면 처음 골절이 생긴다. 252일을 지나는 동안에는 피·살·털 따위의 온몸이 갖추어진다.

266일에 가서는 온몸의 4지肢가 원만히 갖추게 되어, 밤낮 4일 동안 뱃속의 더러운 곳에서 머무는 것이다.

그때에 본생本生의 일을 돌이켜 생각하고, 그리고는 수심하고 괴로워하면서 이렇게 염언念言하는 것이다.

'내가 모태母胎에서 나가면 마땅히 착한 법을 닦아 다시는 이러한 곳에 태어나지 않으리라.'

그러나 모태에서 출생할 때 온몸이 쭈그러드는 괴로움을 받고, 바람의 닿임으로 몸은 또 괴로움을 받으며, 몸이 처음 땅에 떨어지자마자 물로 씻어내므로 다시 큰 괴로움을 받는 것이 마치 지옥과 같다.

그때 도로 전생 일 생각하던 것을 잊어버려서 출생하고, 늙고 병들고 죽음의 괴로움들이 끊임없는 것이다.

세간世間의 행에 세 가지가 있다. 몸의 행과 입의 행과 뜻의 행을 말한다.

눈으로 보고 입으로 불고 이로 깨물고 몸으로 부딪혀서 이 네 가지 인연이 중생을 해친다.

몸이 드나드는 숨〔息〕의 수數를 관찰해 보라. 숨〔息〕의 서늘함과 따뜻함이 모든 털구멍에 드나듦을 알게 되고, 이 숨은 본래 없던 것이 지금 있는 것을 아는 것이다. 바람을 따라 생긴다.

나의 몸과 입의 행도 그와 같아서 바람을 인연하여 나고, 바람을 인연함으로써 몸이 자라며 바람을 인연함으로써 입도 자라게 되는 것이다.

다시 눈을 살펴보아라. 그 까닭은 눈으로 보고 알음알이 〔眼識〕가 먼저 나기 때문이다. 나다·남이다·있다·없다·남자다·여자다·훌륭하다·훌륭하지 못하다·이것은 좋고·저것은 싫다 등등으로 이러한 모양을 보고 분별을 하기 때문이다.

눈은 저 바람의 성품이 허공을 인연하여 눈 속에 드나들고, 좌우左右로 회전하여 깜박거리고, 감관이 청정하여 밝게 볼 수 있는 것이다. 눈을 굴릴 때에는 바람의 힘이 작용하여야만 굴릴 수 있는 것이다.

　허공의 성품 자체는 잡을 수도 없고 말할 수도 없고 의지함
도 없다. 아무런 존재가 없다. 그것이 바로 '나' 없음이다.
허공 속의 바람도 어떤 물체가 있는 것이 아니다.

　물체가 없으니 연설할 수 없고, 연설할 수 없기 때문에
'나' 없음이다. 바람의 인연이 눈 속에 들어가 좌우로 회전함
으로써 청정하게 모두 비추어지는 것이지만, 저 바람을 잡을
수도 없고 말을 할 수도 없는 것이다. 내 것을 여의고 있는데
어떻게 잡겠는가.

　땅을 살펴보라. 땅은 굳다〔固〕. 자세히 살펴보면 많은
흙과 돌이다. 흙과 돌을 빼내어 가루 먼지가 되도록 부수어
흩어보아라. 그러면 저 땅〔地界〕이나 땅모양〔地相〕은 이름
만 있을 뿐, 잡을 수도 없고 주인도 없다는 것을 알게 된다.

　물〔水界〕도 불〔火界〕도 바람〔風界〕도 같아서 모두 같다.
그러기에 마땅히 알라. 사대四大는 모두 물체가 없으니 말할
수 없다. 사대는 모두 '나'가 없는 것이다. 사대는 공空이다.

　사람의 몸을 살펴보라. 육신(살·힘줄·뼈)은 흙〔地〕이요,
눈물·콧물·오줌·피는 물〔水〕이다. 따뜻한 기운은 불〔火〕이
며, 앉고 서고 눕고 일어서고 걸어가고 움직이고 키가 크고
작고 이 모두는 바람〔風〕의 힘이다.

　세간에 살아 있는 모든 물질은 사대四大(땅·물·불·바람)

아님이 없다. 그러기에 '나'는 없는 것[無我]이라고 하는 것이다. '나'가 없는데 어떻게 '내 것'이 있단 말인가. '죽음'은 들이쉬고 내쉬는 숨[息]이 멎는 것을 말한다. 한 찰나인 것이다.

중생들은 '뒤바뀐 마음'으로 진실한 나를 모른다. 이 몸은 진실한 '나'가 아니다. 타고난 몸 모양을 진실한 나라고 알기 때문에 잘못을 저지르고, 그 잘못이 어떠한 갚음이 있는지 알지 못하는 것이다.

진실한 나를 위해 무엇이 중요한지 생각을 하지 않는다. 눈에 보이는 이 몸은 허망한 것이다. 화합한 몸이기 때문이다.

사대四大가 합쳐진 몸이니, 인연이 있어서 나고[生] 인연이 다 되면 사라지는[滅] 것이다. 진실한 나는 없다. 보이지 않는 것이다.

모든 법에 나다·남이다·중생이다·수명이 길다·짧다·있다·없다 등의 모든 분별을 버려야 한다. 걸림 없는 마음을 가져야 하고, 가엾이 여기는 마음을 버려서는 안 된다.

아만과 교만과 증상만(뛰어나게 깨달은 체함)과 나와 내 것과 거두어 가지는 모든 소견은 이를 다 '법이 아닌 것[非法]'이라 한다.

부처님 법을 듣고 믿어서 착한 법을 생각하고 행하라.

착한 벗에 친근하라.

성내지 말라.

탐욕을 부리지 말라.

보리菩提를 닦되 계율을 잘 지키도록 하라.

많이 듣도록 하라.

그릇〔器〕이 아닌 중생은 버리고 가까이 하지 않는다.

헐뜯고 조롱하고 괴롭히면 버리고 받지 않는다.

눈에 보이는 모든 물질은 꿈속 같고 거품 같고 그림자 같고, 이슬 같고 번개 같고 아지랑이 같은 것이다.

만물은 나와 더불어 하나요, 둘이 아니다.

만법은 인연 따라서 잠시간 이루어진 것이니, '법에 있어 어느 고유한 것이란 없다. 곧 무아無我이다'라고 관하는 것을 법념처法念處라고 한다.

…『대방등대집경』권24「성목품聖目品」

권25「보계寶髻보살품」

권30「무진의無盡意보살품」

권33「분별품分別品」중 …

…『원통불법의 요제』(청화선사 법어집Ⅱ) …

※

"사념처四念處란 신신身·수受·심心·법法에 대하여, 각각 네 가지 관법을 갖추고 있다.

몸은 부정하다고 주로 관찰하고,

느낌은 괴롭다고 주로 관찰하며,

마음은 무상無常하다고 관찰하고,

법은 나[我]가 없다고 주로 관찰한다.

깨끗하다는 착각을 깨부수려고 신념처身念處를 말씀하셨고, 즐겁다는 착각을 깨부수려고 수념처受念處를 말씀하셨으며, 항상하다는 착각을 깨부수려고 심념처心念處를 말씀하셨고, 나[我]가 있다는 착각을 깨부수려고 법념처法念處를 말씀하셨다."

… 『대지도론』 권19 중 …

참음의 공덕

    참음은 세간世間에서 으뜸이 된다.

    참음은 곧 안락한 길이고, 참음은 고독을 여의게 된다.

    참음은 능히 친한 벗을 맺고, 참음은 아름다운 명예를 더한다.

    참음은 세간의 사랑하는 것이며, 참음은 자재롭게 부자도 될 수 있다.

    참음은 능히 단정함을 갖추고, 참음은 능히 위력威力을 얻는다.

    참음은 이 세간世間을 비춘다.

    참음은 모든 욕락欲樂을 얻게 하고, 참음은 능히 정교함[工巧]을 이룩한다.

    참음의 힘은 능히 원수를 항복받고, 참음은 능히 좋은 얼굴빛을 얻고 근심과 괴로움을 제거한다.

참음은 능히 많은 권속을 갖게 하고, 참음은 모든 훌륭한 과보를 초래하며, 참음은 능히 아름다운 상호(相好 : 얼굴 모습)를 얻게 하고 착한 도에 나아가게 한다.

참음은 중생을 해치지 아니하고 장구한 수명을 얻게 한다.

참음은 큰 범왕梵王이 될 수 있고, 욕심세계〔欲界〕에 자재롭다. 참음은 제석천帝釋天이 될 수도 있다.

참음은 능히 도둑질을 여의고, 참음은 능히 음욕을 버리고, 참음은 능히 망령된 말을 그치고 거짓말과 꾸민 말도 그치게 한다.

참음은 탐냄과 성냄을 없애고, 참음은 능히 육바라밀을 원만히 한다.

참음은 능히 뭇 마군을 항복받는다.

참음은 모든 원수를 항복받고서, 또 능히 온갖 나쁨을 없애버린다.

참음은 능히 모든 의혹을 없애고, 참음은 번뇌의 장애를 끊어버리며 법의 눈〔法眼〕을 깨끗하게 한다.

… 『대방등대집경』 권49 「영마득신락품令魔得信樂品」 중 …

마업 魔業

마업이란 '그릇된 소견〔邪見〕, 그릇된 생각〔邪思〕, 그릇된
말〔邪語〕, 그릇된 업〔邪業〕, 그릇된 생활〔邪命〕, 그릇된 노력
〔邪進〕, 그릇된 기억〔邪念〕' 등등이다.

네 가지 악마가 있다.

첫째 음마陰魔요, 둘째 번뇌마煩惱魔이며, 셋째 사마死魔
이고, 넷째 천마天魔이다.

마업이란 온갖 착하지 못한 법을 '마업魔業'이라 한다.

보시布施를 하고 갚음을 바라는 것이 마업이다.

대자비의 마음을 버리는 것이 마업이다.

중생을 가엾이 여기지 않는 것이 마업이다.

자신의 청정함을 드러내는 이것이 마업이며, 나쁜 짓 하기
를 부끄럽게 여기지 않는 것이 마업이다.

마음의 더러움을 버리지 않는 것이 마업이며, 적은 공덕을

짓고는 충분하다고 만족히 여기는 것도 마업이다.

계를 가진 이를 질투하는 것이 마업이고, 이간질하는 말〔兩舌〕을 함부로 하는 것이 마업이다.

어른에게 겸손히 낮추지 않는 것이 마업이며, 은혜를 입고 은혜를 갚을 줄 모르는 것이 마업이다.

죄를 짓고서 덮어 감추는 이것이 마업이며, 법을 공경히 따르지 않는 것이 마업이다.

법을 아끼는 것이 마업이고, 사섭법四攝法을 버리는 것이 마업이며, 계율戒律을 헐뜯는 것이 마업이다.

방편을 모르고 중생을 교화하는 것이 마업이며, 법을 널리 펴지 않는 이것이 마업이고, 지혜에 대하여 쓸데없이 희론하는 것이 마업이다.

착한 법을 멀리 여의는 것이 마업이며, 자신의 이끗〔利養〕을 위하여 설법하는 것도 마업이다.

온갖 착하지 못한 법을 친근히 하는 그릇된 일은 모두 마업이다.

마음이 소승으로 향하는 것이 마업이고, 보리심을 보호하지 않는 것이 마업이며, 중생과 다르다는 생각을 내는 것이 마업이다.

세간 일을 위하여 몰두하는 것이 마업이고, 선정의 맛과

134

생각에 집착하는 것도 마업이다.

나고 죽는 것을 싫어하는 것이 마업이며, 번뇌를 싫어하고 미워하는 것도 마업이다.

보살을 미워하고 질투하는 것이 마업이고, 사람에게 간사하고 아첨하는 것도 마업이다.

어떻게 보살은 모든 원수와 적을 무너뜨리고 네 가지 악마[四魔]를 여의는가?

보살이 수행하기를 부지런히 하여 오음五陰이 허깨비와 같음을 관하므로 음마陰魔를 여의며, 법의 모든 성품이 청정함을 관하므로 번뇌마煩惱魔를 여의고, 일체 모든 법이 인연 따라 나고 자성自性으로 이루어지는 것이 아님을 관하므로 사마死魔를 여의며, 일체 모든 법이 인연으로 장엄된 것이기에 무상無常하게 무너져 사라지는 모양임을 관하므로 천마天魔를 여읜다.

보살은 이와 같이 관하므로 사마四魔를 여의고, 보리도에 나아가되 끝까지 게으르거나 쉬지 아니한다. 그리하여 모든 보리菩提에 장애되는 마업을 능히 멀리 여읠 수 있는 것이다.

… 『대방등대집경』 권15 「허공장虛空藏보살품 ②」 중 …

파마 破魔

네 가지 법을 성취하여 능히 바르게 행을 받아 지녀야 한다.

첫째, 모든 바라밀 법에 대하여 게으르지 말고 물러나지
말라.

둘째, 게으르지 말고 부지런히 힘써 나아가 정진하라.

셋째, 대자비 법 가운데 방편(대비가 기본임)으로 바르게
머물라.

넷째, 애착 없고 의존하는 곳 없는 깊디 깊은 법문에 들어가
는 것이니, 사념처四念處를 잘 생각하라.

(1) 음마陰魔를 파괴하는 것

1. 이 세상의 모든 것은 모두 괴롭다고〔苦諦〕 생각한다.
   곧 일체 모든 함이 있는 법〔有爲法〕은 괴로움이라고 여
   긴다.

2. 욕심을 버리고 보시하되 보리菩提에 회향한다.

3. 마음으로 아견(我見 : 내 몸뚱이만을 보는 것)을 버리고,
   정성껏 청정하게 계율戒律을 지닌다.

4. 나를 보지 않고서 참음을 닦는다.

5. 부지런히 정진을 닦아서 몸을 고요히 한다.

6. 몸을 관하되〔身念處〕 몸에 대하여 깨닫지도 집착하지도
   않는다.

7. 모든 법은 전부 공空이라고 관한다.

(2) 번뇌마 煩惱魔를 파괴하는 것

1. 욕심欲心을 여의고 번뇌망상〔集諦〕을 멀리한다.

2. 모든 법은 덧없고〔無常〕 허무한 것이라고 안다.

3. 보시할 때는 아끼고 탐내지 말아야 한다.

4. 탐욕을 위하여 계戒를 지니지 않는다.

5. 부지런히 정진을 닦아서 마음을 고요히 한다.

6. 느낌을 관하되〔受念處〕 느낌에 대하여 깨닫지도 집착하지
   도 않는다.

7. 모든 법은 전부 모양이 없다〔無相〕고 관한다.

(3) 죽음의 마[死魔]를 파괴하는 것

1. 열반, 곧 고통으로부터의 해탈[滅諦]을 증득한다.

2. 모든 법은 본래 공空이니, 생기지도 않고 없어지지도 않는다고 안다.

3. 모든 법은 진실로 무아無我임을 안다.

4. 부지런히 닦고 정진하여, 법이 본래 무생無生임을 관한다.

5. 나고 죽음을 보지 않고 부지런히 생사가 없는 법을 관찰한다.

6. 마음을 관하되[心念處] 마음에 대하여 깨닫지도 집착하지도 않는다.

7. 모든 법은 전부 바램 없음[無願]이라고 관한다.

(4) 하늘의 마[天魔]를 파괴하는 것

1. 교만을 제거하고, 열반에 이르는 도[道諦]를 닦아야 한다.

2. 모든 법은 본래 고요한 적정 열반이라고 안다.

3. 중생을 위하여 자비慈悲를 닦아서 보시해야 한다.

4. 금한 계를 범한 사람으로 하여금 청정한 계戒를 받아 지니고 싶어하게 하고, 청정한 계戒를 받아 지니게 한다.

5. 부지런히 정진하지만 중생을 조복하기 위해 생사에 유전한다.

6. 법을 관하되〔法念處〕 법에 대하여 깨닫지도 집착하지도
   않는다.

7. 공空·무상無相·무원無願의 이 세 가지 법을 갖추어 보리에
   회향한다.

이와 같이 관하여 언제나 보리菩提의 마음을 잃지 않으면,
이 사람은 능히 네 가지의 악마〔四魔〕를 파괴할 수 있다.

만일 '나'에 집착하고 있으면 마魔의 일을 더하게 되는
것이다.

　　… 『대방등대집경』 권9 「해혜海慧보살품 ②」 중 …

언어 言語

사람의 말〔言語〕이란 함부로 말하는 것이 아니다.

　말은 언제나 진실을 말해야 한다.

　부처님 말씀을 말하고, 중생을 이롭게 말해야 한다.

　중생이 즐겁게 듣도록 말하고, 중생이 번뇌를 여의도록 말해야 한다.

　사실대로 말하고 이치에 따라 말해야 한다.

　탐냄과 성냄과 어리석은 말을 여의고, 고운 말로 말해야 한다.

　중생의 마음에 따라 진실함과 진실하지 않음을 말하고, 온갖 소리와 온갖 말로 말해야 한다.

　중생의 감관을 청정하도록 말하고, 나쁜 것을 조작하지 않도록 말해야 한다.

　보살은 말을 하되 입의 업이 지혜에 따라야 한다. 구업이

지혜에 따른다 함은 나쁜 말을 멀리 여의는 것을 뜻한다. 즉 거친 말, 혼탁한 말, 때아닌[非時] 말, 망령스런 말, 새는 말, 큰소리치는 말, 싸우는 말, 가벼운 말, 깨뜨리는 말, 분명하지 않은 말, 산란스런 말, 낮게 내려보고 하는 말, 올려 쳐다보고 하는 말, 그릇된 말, 욕하는 말, 되풀이하는 말, 삿된 말, 죄악스런 말, 아첨하는 말, 꾸미는 말, 속이는 말, 겁내게 하는 말, 벙어리 말, 조급한 말, 지옥의 말, 빈 말, 거만한 말, 경망스런 말, 사랑하지 않는 말, 다른 사람의 허물을 떠벌리는 말, 실수하는 말, 갈라지는 말, 이치 없는 말, 이간시키는 말, 나쁜 것을 이롭게 하는 말, 두 가지 말, 미친 말, 해치는 말, 죽이는 말, 얽매인 말, 법 아닌 말, 뚝잘라 닫는[閉] 말, 스스로 찬탄하는 말, 삼보를 비방하는 말, 두려워하는 말, 보장할 수 없는 말, 해로운 말, 속박하는 말 등을 하지 않는 것이다.

날카로운 칼이 사람을 찌르는 것이 아니다. 사람의 입이 사람을 찌른다.

보살은 친하거나 친하지 않거나, 착한 일을 하거나 착한 일을 하지 않거나, 사랑도 미움도 모두 버리고 생각을 더하거나 덜하지도 않고, 마음을 평등히 하여 집착하지 말아야 한다.

사람은 말하기가 가장 어려운 것이다. 상대相對의 마음을 알고 말해야 한다.

삿된 마음으로 남을 꾀고 속이지 말며, 찡그리지 말고 사랑스러운 말씨로 그릇되지 않게 말해야 한다.

아무런 이로움이 없는 말을 쓸데없이 지껄이지 말고, 자기에게 관계없는 말을 함부로 말하지 말아야 한다.

남이 숨기는 일을 알려고 하지 말며, 욕설과 협박에도 대항하지 말아야 한다.

항상 가엾이 여기는 마음으로, 고운 말씨로 부드럽게 성내지 말고 참음을 닦아야 한다.

모욕을 당하여도 성내지 않으며, 교만을 버리고 고요하여라.

만약 구업口業이 청정하면 이 사람의 입의 업이 모든 악을 여의게 될 것이다.

누구에게나 해치는 마음을 내지 않고, 깊디 깊은 법계法界를 관찰하여 청정하게 부처님 경계를 장엄하라.

오직 법〔佛法〕이 아니거든 입을 다물고 말하지 말라.

보살은 다른 사람을 손상시키지 않도록 말하며, 착하고 좋은 말로 바른 도에 나아가도록 말해야 한다.

부모·스승·늙은 사람·덕 있는 사람을 공양하고, 보리菩

提에 나아가도록 말해야 한다.

　일체 모든 법이 괴롭고·덧없고·나 없고·열반 적정한 것이
니, 모든 법을 열반의 형상처럼 평등하게 관찰하고 말하도록
하라.

　　… 『대방등대집경』 권8 「해혜海慧보살품 ①」 중 …

사제 四諦[54]

사제四諦란 근본 불교의 가르침으로, 고제苦諦·집제集諦·멸제滅諦·도제道諦를 말한다.

부처님의 설법을 전법륜轉法輪[55]이라 하는데, 석가모니 부처님께서는 29세에 출가出家하시고 35세에 성도成道하셨다. 그 후로 45년간 설법하시며 교화敎化하시다가 80세에 입멸入滅하셨다.

사제(四諦 : 四聖諦)법은 처음 녹야원鹿野苑에서 교진여 등 5명의 비구에게 처음으로 설법하신 것이다.〔初轉法輪〕

(1) 고제苦諦란 무엇인가
고통(괴로움)의 진리란 뜻이다.

---

54 사제四諦 : 네 가지 진리, 사성제四聖諦라고도 함.
55 전법륜轉法輪 : 법의 바퀴를 굴린다는 뜻.

 일반적으로 인생의 괴로움(고통)은 태어나고〔生〕, 늙고
〔老〕, 병들고〔病〕, 죽고〔死〕의 네 가지로 표현된다. 하지만
그밖에 사랑하는 사람과 헤어지는 고통, 미운 사람과 만나는
고통, 구해도 얻지 못하는 고통, 오온五蘊으로 된 몸과 정신의
부조화에서 생기는 고통〔五陰盛苦〕 등 여러 가지가 있다.

 물론 사람에게 즐거움도 있다. 그러나 그 즐거움을 앗아가
는 아픈 일〔病〕, 죽는 일이 있다. 사람의 괴로움(고통)의
근본은 삶〔生存〕에 대한 집착이다.

 자연 현상으로써의 생生·노老·병病·사死가 고통이라는
것이 아니라, 자기(나)에 있어서의 생·노·병·사가 고통이
다. 하지만 생·노·병·사는 사람에 있어서 피할 수 없는
것이다. 자기 존재의 기저基底이다.

 잠 못드는 사람에게 밤은 길고 피곤한 사람에게 길은
멀 듯이, 바른 법을 모르는 사람에게 생사의 밤길은 길고
멀다.

 윤리倫理적인 행위가 사람을 행복하게 하고 생활을 풍요
롭게 하는 것이다. 그러므로 산목숨을 죽이지 말라. 서로
사랑하라. 도둑질하지 말라. 베푸는〔布施〕 기쁨을 가르치고
요망한 말을 하지 말라. 진실을 말하라. 잘 정돈된 법을
설說하되, 도리道理에 맞게 처음에도 좋은 말로, 중간에도

좋은 말로, 끝도 좋은 말로 설하라.

고제(苦諦 : 고통의 진리)란 바로 사람의 삶이 고통이라는 것이 성자聖者에 의해서만 진리로 인식되어지기 때문에 '고성제苦聖諦'라고도 한다.

(2) 집제集諦란 무엇인가

괴로움이 어째서 발생하는가를 밝혀주는 것이다. 즉 고苦의 원인이다.

다시 말해 고통(괴로움)의 원인이 되는 가지가지 번뇌 망상들을 뜻한다. 사람은 세상을 살아가면서 기쁨과 욕심을 동반한다. 끝없이 만족을 구하는 것이다.

이 목마르게 바라는 욕구欲求가 생존生存에 대한 집착執着 이다.

이 욕구가 원인原因이 되어서 가지가지 번뇌가 생기고, 성내고 미워하며 탐심·진심·치심의 세 가지 악독한 마음[三毒心]이 일어나서 마음을 더럽히는 것이다.

사람에 있어서나 뭇 중생들에게 있어서 생존의 고통이 되는 것은 마음 속 깊은 곳에 이러한 갈애渴愛가 있기 때문이다. 이것은 모든 탐욕의 근저를 이루는 욕망이다. 채워지지 않는 욕망, 인간의 불만을 조성해가는 욕망이다.

이것을 갈애渴愛라고 한 것은 목마른 사람이 물을 찾을 때의 강렬한 욕구와 유사하기 때문이다. 갈애가 있기 때문에 인간의 생존이 계속된다. 따라서 이것을 윤회의 원인이 되는 것이라고 한다.

이 갈애를 무명無明이라고도 하는데, 집제集諦란 갈애를 근저로 하는 갖가지 번뇌 망상을 말하는 것이다.

사람은 세상을 살아가면서 분명 고생을 받고 있지만, 이는 중생 차원에서 고생이지 고생도 바로 볼 때는 고苦가 될 수 없는 것이다.

모든 법은 공空이다. 겉모습[相]만 보니까 번뇌가 있고 아픔이 있는 것이다. 본체(마음)에서 보면 모두 없는 것이다.

중생의 괴로운 단계에서 번뇌인 것이요, 깨달아 보면 번뇌가 보리菩提인 것이다. 설사 깨닫지 않았다 하더라도 내가 지금 괴롭다는 그 괴로움과 아프다는 그 아픔이 근본 바탕에서 볼 때는 괴로움도 아니며 아픔도 아니다.

그러므로 생사生死가 곧 열반涅槃이다. 지혜智慧와 믿음으로 내가 지금 어떻다 하는 분별 시비를 내지 말고, 마음에 걸림 없이 무심하게 열심히 닦아야 한다.

(3) 멸제滅諦란 무엇인가

고제(苦諦 : 고통의 진리)의 원인인 집제(集諦 : 괴로움이 되는 가지가지 번뇌 망상)를 없앤 진리라는 뜻이다. 다시 말하면 고통(괴로움)을 소멸한 진리이다. 이것을 열반涅槃[56]이라고 하며, 욕구欲求의 속박에서 벗어난 것으로 해탈(解脫 : 마음의 자유)이라고도 한다.

다시 말해 마음의 갈애에서 벗어나 무명을 없애고 번뇌 망상이 사라진 적멸寂滅의 즐거움이다.

니르바나Nirvāna를 '멸멸'이라고 번역하니까, 열반을 허무로 그릇되게 이해하는 사람이 있다. 그러나 멸멸은 갈애의 멸멸이지, 마음 그 자체의 멸멸이 아니다.

오히려 마음의 한량없는 공덕과 자재 신통력이 드러나는 것이다. 따라서 열반이란 욕정의 번뇌 불길을 불어서 꺼버렸다는 뜻으로, 적정寂靜의 최상 행복을 얻은 상태이다.

이와 같이 열반의 진리, 곧 멸제滅諦를 증득하기 위해서는 우선 마음의 애증愛憎을 쉬어야 한다. 모든 마음의 욕구에서 벗어나야만 모든 괴로움〔苦〕를 멸멸할 수 있는 것이다. 이 고통을 멸하는 길은 도道를 닦아야 한다.

---

56 열반涅槃 : 아무것도 남지 않아 시간도 공간도 없는 세계. 모든 고뇌에서 벗어남.

(4) 도제道諦란 무엇인가

모든 욕구를 떠나 괴로움을 여읜 열반에 이르는 도道의 진리를 말한다. 도道란 마음이다. 마음을 다스리고 사람으로서의 나아갈 율의律儀다.

욕락欲樂만을 탐내는 생활은 천한 생활이다. 관능에 몸을 맡기는 생활은 발전이 없다. 그 반대로 오로지 신체를 괴롭히는 고행苦行도 역시 자신을 괴롭게만 할 뿐 아무런 쓸모가 없다. 부처님은 이 두 극단을 버리고 중도中道에 의해 깨달음을 얻으셨다.

중도中道란 무엇인가?

팔정도를 잘 수행하는 것이다. 그 중에서도 정견正見·정사正思·정정正定이 중요한데, 팔정도의 정正의 의미는 중도를 발견해가는 지혜의 의미인 것이다.

다른 사람들이 논쟁論爭을 걸어왔을 때 침묵을 지킨다는 것은 행하기 어려운 일이다. '이것이 진리다' '다른 것은 허망하다'라고 주장하면서 타설他說를 배격하고 자설自說을 주장하며 논쟁을 일삼아 봤자, 거기에는 자기에 대한 집착과 만심(慢心 : 젠 체하는 교만한 마음)이 가득 차 있는 것이다. 비록 진리라 하더라도 그것을 논쟁의 입장으로 삼으면 그 진리는 집착에 의해 더럽혀진다.

　불타佛陀는 집착을 떠나 있었기 때문에, 이러한 논쟁의 무익無益함을 알고 논쟁에 가담하지 않고 묵묵하셨다. 모든 대상對像을 있는 그대로 보고 선입견先入見이나 편견偏見을 초월하셨던 것이다.

　사람은 출신出身 성분에 의해 천민賤民이 되는 것이 아니다. 행위行爲에 의해 천민이 된다. 출신을 묻지 말고 오직 행위를 보라. 행위에 의해 사람의 가치가 결정되는 것이니, 해탈에 이르는 도제道諦는 누구든지 고귀하게 만든다.

　다시 말해 팔정도나 육바라밀과 같은 한량없이 청정한 수행의 길〔道〕을 통하여, 모든 중생들은 본래 부처인 자성불自性佛을 확인하고 자성삼보自性三寶를 이루게 되는 것이다.

… 『인도 불교의 역사』(平川漳著) 중 …

… 『원통불법의 요제』 (청화선사 법어집 II) 중 …

후기

작년 동짓달에 어머니 떠나시고, 어느새 계절이 바뀌어 폭염이 기승을 부리는 한여름입니다. 이 책은 2001년 동국역경원에서 처음 나왔지만 절판되어, 금번 하안거 백중을 맞이하여 운주사에서 새롭게 제목을 바꿔 출간하게 되었습니다. 한평생 부처님 가르침을 수지독송하며 널리 유포하길 서원하셨던 어머니 염원에 따라, 한 분에게라도 더 전해져 인생의 참다운 희망을 찾는 디딤돌이 되길 바랍니다. 법보시에 동참해주신 소중한 인연들께 감사의 합장 올립니다. 모두 성불하십시오! 나무아미타불…()…

2015년 8월
혜조 합장

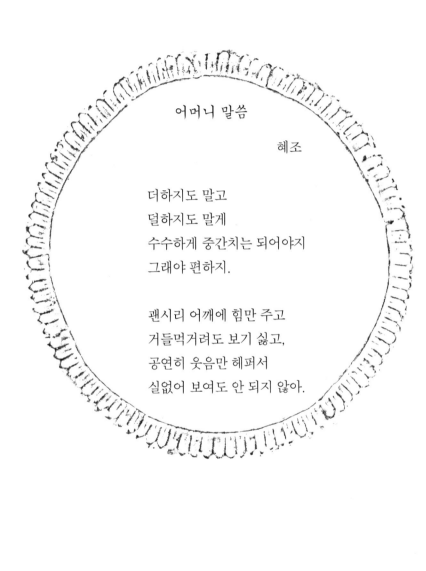

어머니 말씀

혜조

더하지도 말고
덜하지도 말게
수수하게 중간치는 되어야지
그래야 편하지.

괜시리 어깨에 힘만 주고
거들먹거려도 보기 싫고,
공연히 웃음만 헤퍼서
실없어 보여도 안 되지 않아.

김대원심

1930년 충남 예산에서 태어나
예산여자고등학교를 졸업하였다.
결혼 후 불교에 귀의하여
독경과 사경 및 염불 수행으로
평생 동안 정진하였으며
2015년 입적入寂하였다.

불교 이해의 디딤돌

초판 1쇄 발행 2015년 8월 24일 | **초판 5쇄 발행** 2018년 5월 25일
엮은이 김대원심 | **펴낸이** 김시열
펴낸곳 도서출판 운주사

(02832) 서울시 성북구 동소문로 67-1 성심빌딩 3층

전화 (02) 926-8361 | 팩스 0505-115-8361

ISBN 978-89-5746-437-3 03220   값 6,000원

http://cafe.daum.net/unjubooks 〈다음카페: 도서출판 운주사〉